心一堂術數古籍珍本叢刊

書名：曾懷玉增批蔣徒傳天玉經補註【新修訂版原（彩）色本】
系列：心一堂術數古籍珍本叢刊　第一輯　堪輿類
　　　蓮池心法・玄空六法系列　79
作者：【清】項木林　補註：【清】曾懷玉　增批
主編、責任編輯：陳劍聰
心一堂術數古籍珍本叢刊編校小組：陳劍聰　素聞　梁松盛　鄒偉才　虛白盧主

出版：心一堂有限公司
地址／門市：香港九龍尖沙咀東麼地道六十三號好時中心LG 六十一室
電話號碼：+852-6715-0840　+852-3466-1112
網址：sunyata.cc
　　　publish.sunyata.cc
電郵：sunyatabook@gmail.com
網上書店：http://book.sunyata.cc
網上論壇：http://bbs.sunyata.cc/

版次：二零一五年九月初版
平裝

　　　港幣　　四百八十元正
定價：人民幣　四百八十元正
　　　新台幣　一千八百八十元正

國際書號：ISBN 978-988-8316-32-8

香港及海外發行：香港聯合書刊物流有限公司
地址：香港新界大埔汀麗路三十六號中華商務印刷大廈三樓
電話號碼：+852-2150-2100
傳真號碼：+852-2407-3062
電郵：info@suplogistics.com.hk

台灣發行：秀威資訊科技股份有限公司
地址：台灣台北市內湖區瑞光路七十六巷六十五號一樓
電話號碼：+886-2-2796-3638
傳真號碼：+886-2-2796-1377
網絡書店：www.bodbooks.com.tw
台灣讀者服務中心：國家書店
地址：台灣台北市中山區松江路二〇九號一樓
電話號碼：+886-2-2518-0207
傳真號碼：+886-2-2518-0778
網絡書店：http://www.govbooks.com.tw/

中國大陸發行・零售：心一堂書店
深圳地址：中國深圳羅湖立新路六號東門博雅負一層零零八號
電話號碼：+86-755-8222-4934
北京地址：中國北京東城區雍和宮大街四十號
心一店淘寶網：http://sunyatacc.taobao.com

心一堂術數古籍 珍本叢刊 整理 總序

術數定義

術數，大概可謂以「推算（推演）、預測人（個人、群體、國家等）、事、物、自然現象、時間、空間方位等規律及氣數，並或通過種種『方術』，從而達致趨吉避凶或某種特定目的」之知識體系和方法。

術數類別

我國術數的內容類別，歷代不盡相同，例如《漢書・藝文志》中載，漢代術數有六類：天文、曆譜、五行、蓍龜、雜占、形法。至清代《四庫全書》，術數類則有：數學、占候、相宅相墓、占卜、命書、相書、陰陽五行、雜技術等，其他如《後漢書・方術部》、《藝文類聚・方術部》、《太平御覽・方術部》等，對於術數的分類，皆有差異。古代多把天文、曆譜、及部分數學均歸入術數類，而民間流行亦視傳統醫學作為術數的一環；此外，有些術數與宗教中的方術亦往往難以分開。現代民間則常將各種術數歸納為五大類別：命、卜、相、醫、山，通稱「五術」。

本叢刊在《四庫全書》的分類基礎上，將術數分為九大類別：占筮、星命、相術、堪輿、選擇、三式、讖諱、理數（陰陽五行）、雜術（其他）。而未收天文、曆譜、算術、宗教方術、醫學。

術數思想與發展——從術到學，乃至合道

我國術數是由上古的占星、卜筮、形法等術發展下來的。其中卜筮之術，是歷經夏商周三代而通過「龜卜、蓍筮」得出卜（筮）辭的一種預測（吉凶成敗）術，之後歸納並結集成書，此即現傳之《易

經》。經過春秋戰國至秦漢之際，受到當時諸子百家的影響、儒家的推崇，遂有《易傳》等的出現，原本是卜筮術書的《易經》，被提升及解讀成有包涵「天地之道（理）」之學。因此，《易・繫辭傳》曰：「易與天地準，故能彌綸天地之道。」

漢代以後，易學中的陰陽學說，與五行、九宮、干支、氣運、災變、律曆、卦氣、讖緯、天人感應說等相結合，形成易學中象數系統。而其他原與《易經》本來沒有關係的術數，如占星、形法、選擇，亦漸漸以易理（象數學說）為依歸。《四庫全書・易類小序》云：「術數之興，多在秦漢以後。要其旨，不出乎陰陽五行，生尅制化。實皆《易》之支派，傳以雜說耳。」至此，術數可謂已由「術」發展成「學」。

及至宋代，術數理論與理學中的河圖洛書、太極圖、邵雍先天之學及皇極經世等學說給合，通過術數以演繹理學中「天地中有一太極，萬物中各有一太極」（《朱子語類》）的思想。術數理論不單已發展至十分成熟，而且也從其學理中衍生一些新的方法或理論，如《梅花易數》、《河洛理數》等。

在傳統上，術數功能往往不止於僅僅作為趨吉避凶的方術，及「能彌綸天地之道」的學問，亦有其「修心養性」的功能，「與道合一」（修道）的內涵。《素問・上古天真論》：「上古之人，其知道者，法於陰陽，和於術數。」數之意義，不單是外在的算數、歷數、氣數，而是與理學中同等的「道」、「理」--心性的功能，北宋理氣家邵雍對此多有發揮：「聖人之心，是亦數也」、「萬化萬事生乎心」、「心為太極」。《觀物外篇》：「先天之學，心法也。……蓋天地萬物之理，盡在其中矣，心一而不分，則能應萬物。」反過來說，宋代的術數理論，受到當時理學、佛道及宋易影響，認為心性本質上是等同天地之太極。天地萬物氣數規律，能通過內觀自心而有所感知，即是內心也已具備有術數的推演及預測、感知能力；相傳是邵雍所創之《梅花易數》，便是在這樣的背景下誕生。

《易・文言傳》已有「積善之家，必有餘慶；積不善之家，必有餘殃」之說，至漢代流行的災變說及讖緯說，我國數千年來都認為天災，異常天象（自然現象），皆與一國或一地的施政者失德有關；下至家族、個人之盛衰，也都與一族一人之德行修養有關。因此，我國術數中除了吉凶盛衰理數之外，人心的德行修養，也是趨吉避凶的一個關鍵因素。

術數與宗教、修道

在這種思想之下，我國術數不單只是附屬於巫術或宗教行為的方術，又往往是一種宗教的修煉手段——通過術數，以知陰陽，乃至合陰陽（道）。「其知道者，法於陰陽，和於術數。」例如，「奇門遁甲」術中，即分為「術奇門」與「法奇門」兩大類。「法奇門」中有大量道教中符籙、手印、存想、內煉的內容，是道教內丹外法的一種重要外法修煉體系。甚至在雷法一系的修煉上，亦大量應用了術數內容。此外，相術、堪輿術中也有修煉望氣（氣的形狀、顏色）的方法；堪輿家除了選擇陰陽宅之吉凶外，也有道教中選擇適合修道環境（法、財、侶、地中的地）的方法，以至通過堪輿術觀察天地山川陰陽之氣，亦成為領悟陰陽金丹大道的一途。

易學體系以外的術數與的少數民族的術數

我國術數中，也有不用或不全用易理作為其理論依據的，如揚雄的《太玄》、司馬光的《潛虛》。也有一些占卜法、雜術不屬於《易經》系統，不過對後世影響較少而已。

外來宗教及少數民族中也有不少雖受漢文化影響（如陰陽、五行、二十八宿等學說。）但仍自成系統的術數，如古代的西夏、突厥、吐魯番等占卜及星占術，藏族中有多種藏傳佛教占卜術、苯教占卜術、擇吉術、推命術、相術等；北方少數民族有薩滿教占卜術；不少少數民族如水族、白族、布朗族、佤族、彝族、苗族等，皆有占雞（卦）草卜、雞蛋卜等術，納西族的占星術、占卜術，彝族畢摩的推命術、占卜術……等等，都是屬於《易經》體系以外的術數。相對上，外國傳入的術數以及其理論，對我國術數影響更大。

曆法、推步術與外來術數的影響

我國的術數與曆法的關係非常緊密。早期的術數中，很多是利用星宿或星宿組合的位置（如某星在某州或某宮某度）付予某種吉凶意義，并據之以推演，例如歲星（木星）、月將（某月太陽所躔之宮次）等。不過，由於不同的古代曆法推步的誤差及歲差的問題，若干年後，其術數所用之星辰的位置，已與真實星辰的位置不一樣了；此如歲星（木星），早期的曆法及術數以十二年為一周期（以應地支），與木星真實周期十一點八六年，每幾十年便錯一宮。後來術家又設一「太歲」的假想星體來解決，是歲星運行的相反，週期亦剛好是十二年。而術數中的神煞，很多即是根據太歲的位置而定。又如六壬術中的「月將」，原是立春節氣後太陽躔娵訾之次而稱作「登明亥將」，至宋代，因歲差的關係，要到雨水節氣後太陽才躔娵訾之次，當時沈括提出了修正，但明清時六壬術中「月將」仍然沿用宋代沈括修正的起法沒有再修正。

由於以真實星象周期的推步術是非常繁複，而且古代星象推步術本身亦有不少誤差，大多數術數除依曆書保留了太陽（節氣）、太陰（月相）的簡單宮次計算外，漸漸形成根據干支、日月等的各自起例，以起出其他具有不同含義的眾多假想星象及神煞系統。唐宋以後，我國絕大部分術數都主要沿用這一系統，也出現了不少完全脫離真實星象的術數，如《子平術》、《紫微斗數》、《鐵版神數》等。後來就連一些利用真實星辰位置的術數，如《七政四餘術》及選擇法中的《天星選擇》，也已與假想星象及神煞混合而使用了。

隨着古代外國曆（推步）、術數的傳入，如唐代傳入的印度曆法及術數，元代傳入的回回曆等，其中我國占星術便吸收了印度占星術中羅睺星、計都星等而形成四餘星，又通過阿拉伯占星術而吸收了其中來自希臘、巴比倫占星術的黃道十二宮、四大（四元素）學說（地、水、火、風），並與我國傳統的二十八宿、五行說、神煞系統並存而形成《七政四餘術》。此外，一些術數中的北斗星名，不用我國傳統的星名：天樞、天璇、天璣、天權、玉衡、開陽、搖光，而是使用來自印度梵文所譯的：貪狼、巨門、祿存、文曲，廉貞、武曲、破軍等，此明顯是受到唐代從印度傳入的曆法及占星術所影響。如星命術中的《紫微斗數》及堪輿術中的《撼龍經》等文獻中，其星皆用印度譯名。及至清初《時憲曆》，置閏之法則改用西法「定氣」。清代以後的術數，又作過不少的調整。

此外，我國相術中的面相術、手相術，唐宋之際受印度相術影響頗大，至民國初年，又通過翻譯歐西、日本的相術書籍而大量吸收歐西相術的內容，形成了現代我國坊間流行的新式相術。

陰陽學——術數在古代、官方管理及外國的影響

術數在古代社會中一直扮演着一個非常重要的角色，影響層面不單只是某一階層、某一職業、某一年齡的人，而是上自帝王，下至普通百姓，從出生到死亡，不論是生活上的小事如洗髮、出行等，大事如建房、入伙、出兵等，從個人、家族以至國家，從天文、氣象、地理到人事、軍事，從民俗、學術到宗教，都離不開術數的應用。我國最晚在唐代開始，已把以上術數之學，稱作陰陽（學），行術數者稱陰陽人。（敦煌文書、斯四三二七唐《師師漫語話》：「以下說陰陽人謾語話」，此說法後來傳入日本，今日本人稱行術數者為「陰陽師」）。一直到了清末，欽天監中負責陰陽術數的官員中，以及民間術數之士，仍名陰陽生。

古代政府的中欽天監（司天監），除了負責天文、曆法、輿地之外，亦精通其他如星占、選擇、堪輿等術數，除在皇室人員及朝庭中應用外，也定期頒行日書、修定術數，使民間對於天文、日曆用事吉凶及使用其他術數時，有所依從。

我國古代政府對官方及民間陰陽學及陰陽官員，從其內容、人員的選拔、培訓、認證、考核、律法監管等，都有制度。至明清兩代，其制度更為完善、嚴格。

宋代官學之中，課程中已有陰陽學及其考試的內容。（宋徽宗崇寧三年〔一一零四年〕崇寧算學令：「諸學生習……並曆算、三式、天文書。」「諸試……三式即射覆及預占三日陰陽風雨。天文即預

定一月或一季分野災祥，並以依經備草合問為通。」

金代司天臺，從民間「草澤人」（即民間習術數人士）考試選拔：「其試之制，以《宣明曆》試推步，及《婚書》、《地理新書》試合婚、安葬，並《易》筮法，六壬課、三命、五星之術。」（《金史》卷五十一・志第三十二・選舉一）

元代為進一步加強官方陰陽學對民間的影響、管理、控制及培育，除沿襲宋代、金代在司天監掌管陰陽學及中央的官學陰陽學課程之外，更在地方上增設陰陽學課程（《元史・選舉志一》：「世祖至元二十八年夏六月始置諸路陰陽學。」）地方上也設陰陽學教授員，培育及管轄地方陰陽人。（《元史・選舉志一》：「（元仁宗）延祐初，令陰陽人依儒醫例，於路、府、州設教授員，凡陰陽人皆管轄之，而上屬於太史焉。」）自此，民間的陰陽術士（陰陽人），被納入官方的管轄之下。

至明清兩代，陰陽學制度更為完善。中央欽天監掌管陰陽學，明代地方縣設陰陽學正術，各州設陰陽學典術，各縣設陰陽學訓術。陰陽人從地方陰陽學肆業或被選拔出來後，再送到欽天監考試。（《大明會典》卷二二三：「凡天下府州縣舉到陰陽人堪任正術等官者，俱從吏部送（欽天監），考中，送回選用；不中者發回原籍為民，原保官吏治罪。」）清代大致沿用明制，凡陰陽術數之流，悉歸中央欽天監及地方陰陽官員管理、培訓、認證。至今尚有「紹興府陰陽印」、「東光縣陰陽學記」等明代銅印，及某某縣某某之清代陰陽執照等傳世。

清代欽天監漏刻科對官員要求甚為嚴格。《大清會典》「國子監」規定：「凡算學之教，設肄業生。滿洲十有二人，蒙古、漢軍各六人，於各旗官學內考取。漢十有二人，於舉人、貢監生童內考取。附學生二十四人，由欽天監選送。教以天文演算法諸書，五年學業有成，舉人引見以欽天監博士用，貢監生童以天文生補用。」學生在官學肄業、貢監生肄業或考得舉人後，經過了五年對天文、算法、陰陽學的學習，其中精通陰陽術數者，會送往漏刻科。而在欽天監供職的官員，《大清會典則例》「欽天監」規定：「本監官生三年考核一次，術業精通者，保題升用。不及者，停其升轉，再加學習。如能黽勉供職，即予開復。仍不及者，降職一等，再令學習三年，能習熟者，准予開復，仍不能者，黜退。」除定期考核以定其升用降職外，《大清律例》中對陰陽術士不準確的推斷（妄言禍福）是要治罪的。《大清律例．一七八．術七．妄言禍福》：「凡陰陽術士，不許於大小文武官員之家妄言禍福，違者杖一百。其依經推算星命卜課，不在禁限。」大小文武官員延請的陰陽術士，自然是以欽天監漏刻科官員或地方陰陽官員為主。

官方陰陽學制度也影響鄰國如朝鮮、日本、越南等地，一直到了民國時期，鄰國仍然沿用着我國的多種術數。而我國的漢族術數，在古代甚至影響遍及西夏、突厥、吐蕃、阿拉伯、印度、東南亞諸國。

術數研究

術數在我國古代社會雖然影響深遠，「是傳統中國理念中的一門科學，從傳統的陰陽、五行、九宮、八卦、河圖、洛書等觀念作大自然的研究。……傳統中國的天文學、數學、煉丹術等，要到上世紀中葉始受世界學者肯定。可是，術數還未受到應得的注意。術數在傳統中國科技史、思想史，文化史、社會史，甚至軍事史都有一定的影響。……更進一步了解術數，我們將更能了解中國歷史的全貌。」（何丙郁《術數、天文與醫學中國科技史的新視野》，香港城市大學中國文化中心。）

可是術數至今一直不受正統學界所重視，加上術家藏秘自珍，又揚言天機不可洩漏，「（術數）乃吾國科學與哲學融貫而成一種學說，數千年來傳衍嬗變，或隱或現，全賴一二有心人為之繼續維繫，賴以不絕，其中確有學術上研究之價值，非徒癡人說夢，荒誕不經之謂也。其所以至今不能在科學中成立一種地位者，實有數因。蓋古代士大夫階級目醫卜星相為九流之學，多恥道之；而發明諸大師又故為惝恍迷離之辭，以待後人探索；間有一二賢者有所發明，亦秘莫如深，既恐洩天地之秘，復恐譏為旁門左道，始終不肯公開研究，成立一有系統說明之書籍，貽之後世。故居今日而欲研究此種學術，實一極困難之事。」（民國徐樂吾《子平真詮評註》，方重審序）

現存的術數古籍，除極少數是唐、宋、元的版本外，絕大多數是明、清兩代的版本。其內容也主要是明、清兩代流行的術數，唐宋或以前的術數及其書籍，大部分均已失傳，只能從史料記載、出土文獻、敦煌遺書中稍窺一鱗半爪。

術數版本

坊間術數古籍版本，大多是晚清書坊之翻刻本及民國書賈之重排本，其中豕亥魚魯，或任意增刪，往往文意全非，以至不能卒讀。現今不論是術數愛好者，還是民俗、史學、社會、文化、版本等學術研究者，要想得一常見術數書籍的善本、原版，已經非常困難，更遑論如稿本、鈔本、孤本等珍稀版本。在文獻不足及缺乏善本的情況下，要想對術數的源流、理法、及其影響，作全面深入的研究，幾不可能。

有見及此，本叢刊編校小組經多年努力及多方協助，在海內外搜羅了二十世紀六十年代以前漢文為主的術數類善本、珍本、鈔本、孤本、稿本、批校本等數百種，精選出其中最佳版本，分別輯入兩個系列：

一、心一堂術數古籍珍本叢刊

二、心一堂術數古籍整理叢刊

前者以最新數碼（數位）技術清理、修復珍本原本的版面，更正明顯的錯訛，部分善本更以原色彩色精印，務求更勝原本。并以每百多種珍本、一百二十冊為一輯，分輯出版，以饗讀者。後者延請、稿約有關專家、學者，以善本、珍本等作底本，參以其他版本，古籍進行審定、校勘、注釋，務求打造一最善版本，方便現代人閱讀、理解、研究等之用。

限於編校小組的水平，版本選擇及考證、文字修正、提要內容等方面，恐有疏漏及舛誤之處，懇請方家不吝指正。

心一堂術數古籍 珍本 整理 叢刊編校小組

二零零九年七月序

二零一四年九月第三次修訂

提要

《曾懷玉增批蔣徒傳天玉經補註》，【唐】楊筠松原著，【清】項木林於乾隆乙巳年（一七八五）補註，【清】曾懷玉於咸豐元年（一八五一）增釋、批記。分天、地、人三卷。原線裝三冊。舊鈔本，未刊稿。虛白廬藏本。

書端原題《天玉經補註》，因堪輿古籍中同此題名者甚多，故據內文而改。

項木林，端陽長州人。生卒年不詳，【清】乾隆年間人。精堪輿。傳人有長州陳鈞（字明府）。陳鈞傳福建林（教）育。據本書書前林序云，項氏仍出自「蔣（大鴻）門下」。考《清史稿・蔣大鴻傳》等史料，蔣氏門人中未見項氏之名。蔣大鴻卒於康熙己巳（一六八九）（據《蔣氏家譜》），而本書項氏跋於〔清〕乾隆乙巳（一七八五），相差已近百年，故項氏究竟是蔣氏門人或再傳弟子，待考。

曾懷玉，字輝山，四川灌江（今都江堰）人。生卒年不詳，【清】乾隆、嘉慶、道光、咸豐年間人。嘉慶七年（一八零二）於湖北，得方外蓮池先生心法，精堪輿。為當時四川中部堪輿名家。（據曾氏門人陳書一跋云：「輝山夫子，振鐸中川」。）道光十九年（一八三九）著《元空法鑑》，後得本書，並於咸豐元年（一八五一）以其不外傳之「蓮池先生心法」口訣於書中作增釋、批記。據虛白廬藏清鈔本《元空法鑑心法》（經已出版），揭開了蓮池心法一脈師承之謎，鈔本云：「無極子傳蔣平階，平階傳子悠□（？），傳蓮池先生，蓮池傳曾輝山，輝山傳寇海門，傳江晏（號仲三），仲三晏傳王雨高，傳龔渭南，傳王燕清，傳鎧炳坤，傳李仕龍，元空心法於是相傳勿替也。」據蔣大鴻（平階）家譜，蔣氏卒於康熙己巳（一六八九），蔣大鴻有子三：蔣曾策、蔣左箴、蔣思待（據虛白廬藏蔣大鴻家書）。書中提及蔣大鴻子悠□（？），與蔣氏三子名、字俱不同，不知所指那一位，或是傳鈔之誤？曾懷玉在嘉慶七年（一八零二）於湖北得方外蓮池先生心法。此距蔣大鴻仙逝一百一十三年，云曾懷玉師蓮池先生師承蔣大鴻子，從時間上或有可能。曾氏傳人有羅湘、張復初、陳書一、蔻海門等。

本書據云是蔣大鴻親傳，蔣氏門人項木林補註。後曾懷玉得之，再作增釋、批記。項氏之註乃「將三元三合之本原……合而為一，名曰《天玉經補註》，補前人之所未發者也。」「將《天玉》逐句註解，申明挨星之旨。」項氏認為，「願讀此註者，先將巒頭諸書讀之，然後施之理氣，則不易之正理。」反對「捨尋龍認脈之法，而但施之以元空大卦。」

項註中以「天德（法）三合二而一」、「五位相合」等理釋《天玉經》，未見於他書，曾懷玉批注云「其妙如此。」又云：「人能悟得五位相合之訣，先天後天一以一貫之，成真證道不難矣！」書中又以東西卦、對待、山水相對等反覆闡釋地理（堪輿）雌雄交媾之理，此的是三元家蔣大鴻一脈之用法，如蔣氏門人于鴻義一脈的秘本，即特別強調此訣。（有關蔣大鴻門人于鴻義一脈的秘本，心一堂術數古籍珍本叢刊即將整理出版。）此外，「江東卦挨星之圖（解）」、「南北卦挨星之圖（解）」、「江西卦挨星之圖（解）」及論金龍、四十八局、出卦、排龍、挨星、收山出煞、七星打劫、兼向等的解釋，皆與時人不同。書末又附據傳自蔣大鴻一脈的宗派二十字，亦未見他書有載。

後來曾懷玉得到本書，並於咸豐元年（一八五一）在原書上增釋、批記。書中有曾氏載錄其師蓮池先生親授的「天玉三大卦直解」、「挨星九星全圖（解）」、「元空大卦圖」（據云包含金丹家及地理（堪輿）家的廣大精微之奧旨，也是《青囊序》、《青囊奧語》、《天玉經》、《都天寶照經》的精義）等。

其批記的「元空大卦圖」、「地元卦四陽局之圖」、「地元卦四陰局之圖」、「人元卦四陰局之圖」、「人元卦四陽局之圖」、「人元兼天元四正卦圖」、「人元兼天元四隅卦圖」、「天元卦陽四局之圖」、「天元兼地元四正卦之圖」、「天元兼地元四隅卦之圖」、「天元卦陰四局之圖」、「天元兼人元四正卦之圖」、「天元兼人元四隅卦之圖」、「五位相得而向有合解」、「朱子納音方圖（解）」、「五行五音提綱」、「十二律配十二月」、「方圖宮一局起例」、「挨星訣數種」、「三元圖發旺」等等，以上各圖訣在曾懷玉公開刊刻的《元空法鑑》并沒有公開，其中部份更說明只傳後人，「切不洩漏天機，慎之慎之」。可見曾氏於本書的增釋、批記實甚秘密。又據書中「三元圖發旺」而看，曾氏當是用二十年為一運的元運劃分法，而非（清）道光十年（一八三零）三元家玄空六派中「蘇州派」朱小鶴《地理辨正補》中記載姜垚《蔣氏遺書》中「言以陽爻九年、陰爻六年配後天之水龍運法」及（清）同治十三年（一八七四）劉杰於《地理小補》所述之玄空六法中「二元八運」以陽九陰六爻配年運法。

曾氏批記書中「經四位說」、「隔八相生說」，及起父母、挨星之訣，又屢引（清）端木國湖《地理元文》之語。故知曾氏除宗蓮池先生之蓮池心法外，亦可能受清代三元家玄空六派的上虞派端木國湖《地理元文》（心一堂術數古籍珍本叢刊即將整理出版）之影響。

本書中，無論是蔣大鴻傳項木林三元玄空一脈，以及曾懷玉之批記，皆是一直秘傳而沒有公開的三元家玄空稿本稀見資料。蔣公《地理辨正》刊刻後、玄空六大派成立前，蔣大鴻門人之傳承及內容，一直幾乎是沒有相關記載，項木林玄空一脈資料的出土及出版，正是提供了這方面研究的珍貴藉資料。

此外，曾懷玉《元空法鑑》，以「雌雄」、「元運」、「金龍」、「挨星」為綱領，解釋堪輿學三元派的法理（玄空）。對清代稍晚的劉杰《地理小補》（同治十三年（一八七四））、高守中《地理冰海》

（光緒戊子（一八八八））等頗有影響。當今習「玄空六法」者，亦多亦宗《元空法鑑》。

欲釐清曾氏所傳「蓮池先生心法」之內容，除曾氏公開刊刻之《元空法鑑》外，本鈔本及另外幾種原來秘傳的文獻便可說是開啟「蓮池心法」奧秘之鑰匙：

一、曾氏《元空法鑑》批點本（虛白盧藏本，經已出版）

二、曾氏增批之虛白盧藏本《曾懷玉增批蔣徒傳天玉經補註》（本書）

三、（清）光緒龍門李守清的鈔本《元空法鑑》中口授訣要部份（經已出版）

四、《元空法鑑心法》（清鈔本，虛白盧藏本）（經已出版）

五、「蓮池心法」一脈師弟傳授之秘本《秘傳玄空三鑑奧義匯鈔》（經已出版），

以上五種極珍貴的三元玄空蓮池心法文獻，是曾懷玉及其門人一脈傳承的秘本，皆是〈蓮池心法〉一脈的不傳之秘口訣，原一直是門內秘本絕不外傳，今將之一并公開若，能持之與《地理九星并挨星真訣全圖》（見《姚氏地理辨正圖說附地理九星并挨星真訣全圖 秘傳河圖精義等數種合刊》（經已出版）對讀，當有會心，可以窺知蓮池心法的真傳奧秘，對破譯玄空六法的秘密也有很大幫助。

另外，本書原鈔本在後人傳抄時，部份之圖已有所遺漏，今予出版，為求存真，乃悉依原稿，未作增刪。

為令此稀見鈔本不致湮沒，特以最新技術清理、修復版面原色（彩色）精印，一以作術數資料保存，一以供同道中人參考研究。

蔣徒項木林著

天玉經補註

林敎育清稿

蓮池心法

元空大卦圖

天德三合	地元卦合	天元卦合	人元卦合
	壬丙甲庚	子午卯酉	癸丁乙辛
	辰戌丑未	巽乾坤艮	申寅亥巳
水火木金			

元空之名出于青囊而未詳其義其後諸書解釋多捕風捉影之談及蓮池先生摟以此圖指出妙緒乃知廣大精微洩出河圖洛書之范符括九宮八卦之神妙誠修煉者之金丹地理家之寶筏故説于此以正諸書之謬　暉山記

元空大卦者天元卦地元卦人元卦是為三大卦也其精義著于天玉奧語及青囊序中而妙用則詳于寶照取龍取穴取向取水只此一圖信手拈來頭頭是道真先仙術也　暉山記

得天玉經補註記　　閩省林育

先君美章公精易理斷驗如神育年九歲趨庭承命讀易經乎答曰已讀復示曰醫卜星相無不從易來為汝指一二卦言乾為天為金為玉為環為木果為老馬即古驗巽之為卦也為木其於人也為廣顙為寡髮為多白眼為近市三倍即言相天有五星八卦人有五臟六府乾為首坤為腹離為目艮為背震為足坎為耳兌為口醫者可不知乎推地理一書盡通易理河圖乾南坤北洛書乾位西北坤位西南不明此經云乾山乾向水流乾乾上高峯出狀元等語可解乎天一生水地六成之即坎龍子山一六共宗之

旨豈世造揑各種五行者曾夢見予立喬公嘉應州各縣稱為名師纂堪輿書六部蠻頭為体理氣為用惟挨星法有秘訣喬公仙去予尚幼未得口傳至閱大全大成四經九星夢中說夢予受命時刻在心思索坤壬乙巨門從頭出艮丙辛位位是破軍終不得其解予年壯出遊南北東西聞有堪輿者必謁誠訪之指鹿為馬者多人適由(遊)幕秦州有禮縣陳明府長州顧塘橋人項木林之徒項出蔣公門下時自禮來州見堪輿書偶露一斑予再三求教箝口不言時大計年陳明府七十五歲求予占六壬得引從課予斷訣免陳師言此課驗後月來州携此本共坐三日夜命上天表只

與積德家扦地匪人雖萬金不傳贊儀一千二百金後三年陳公辭官回里贈予四百金乃知師弟敦于義非吝道也实重道也

天玉經補註序

蔣徒項木林

古者包犧氏之王天下也仰觀俯察畫爻着象剛柔摩盪以定休咎而吉凶悔吝昭然在目此陰陽五行所由昉也其後公劉遷邠及周公卜洛皆相其陰陽而觀其流泉東晋郭景純葬書雖以理氣推明而究未之顯言及其殁遂失其傳焉蓋自唐以前經傳大約皆秘藏不復流布民間唐僖宗末黄巢犯闕朝廷失守楊筠松乘其變竊出邱延翰進呈之天機心印而遁還江右爰著天五等

經其中元空大卦陰陽交姤三元氣運衰旺皆純正無疵結語又歸重于積德誠堪輿家理氣之鼻祖也是經雖傳于世而行一僧作卦例以亂其真嗣是陳希夷吳景鸞賴文俊廖金精以及後來明師皆得其傳而未發明其義術士解不詞旨古奧將支離蒙昧拘牽荒謬之談妄註天玉之妙微見于經而混淆於註矣可勝惜哉古人更相推衍元空之名愈多而地理真傳愈少正所謂不見泰山而察秋毫者也　僕　自幼習之朝夕研求經二十年矣宗河洛而思陰陽之妙道闡九宮而運三卦于歸一向水配合盡在五行之內雌雄交媾豈出八卦之外于是將元空三合之本原天德月

德之義例分而為二合而為一名曰天玉经補註蓋補前人之所未發者也是篇雖解天玉妙義與青囊寶照無不吻合庶言理者有所折衷不致貽禍後人亦不致被偽說所惑不爾是為序

項木林

凡例

一是註所纂各說邵子朱子蔡西山吳景鸞廖金精陳希夷劉青田沈括王氷幕講及周易遁甲经青囊狐首經葬経大元経青烏経寶照経蠡海集碎金賦青囊奧語青囊序而已皆為世間所有今摘其至精至微之理刊刻註中予雖訂正實不敢輕易一字也

一元空大卦始于邱延翰得之郭氏青囊乃楊曾賴廖正傳後青

田幕講尤精其理数百年後絕無真傳嗣後諸書雜出莫可枚舉康熙初雲間蔣大鴻著地理辨正一書稱為元空大卦秘密寶藏必須口傳于世習此業者窃蔣公之名無一不奉為至寶而欽為異傳矣予深根此等欺人之語行世故將天玉経逐句註解申明挨星之旨以公同好非敢好為辨別実不過據理直呈以待後人開卷了然庶不惑于衆說者也

一地理之學以巒頭為體理氣為用體用一原相為表裏但是註獨論理氣與巒頭無涉蓋巒頭諸家發明者博而且廣即如郭之葬经郊之天機经書楊之疑龍撼龍遍地鉗胎復經曾之尋龍記

卜之雪心賦蔡之發微論地理要旨廖之九星穴法吳之道法双談張之玉髓經劉之堪輿秘奧平洋論幕講之平地元言平洋訣皆言簡意賅斯道大明已無餘蘊吾願讀此註者先將巒頭諸書讀之然後施之理氣則不易之正理若舍尋龍認脉之法而但施之以元空大卦則隨地立穴雖三尺童子亦可按圖索驥地理之道若是其易哉

一近世地學誣造奇怪之書語互相問難或談元空而詘三合為非或談三合而為（詘）元空為謬門戶分歧理晦不明嗟夫彼以元空為何物三合為何義哉今以元空為天德三合為月德分而為二

合而為一總不外乎河圖洛書九宮八卦庢元空之義利則明而
三合之理亦昭然矣
一地理之學古格不可不觀然有[illegible]眼有法眼道眼不可尚矣所
謂法眼者必從師授而觀名幕何為吉何為凶龍穴砂水合何格
局一一「點撿」以之為法則故曰法眼庢發心目有主而不為假地
所裁識一急要事也
一與人改葬斷不可草草遷改須再三商確察其地之真假審其
來脉舊墳然後議遷舊墳若無大破敗則当別求吉地接福于後
未為不可奚必遷改哉

一三元通書所載選擇云前賢造葬不依支干八字子平之法只以天元烏兔經獨取太陽值日值時不怕太歲三煞陰符空亡退氣金神年尅壓命之說一概不用託之楊筠松所傳現其起例即周望仙之羅星也通書皆載其說实不用以選擇已為協紀所刪今若不剖明後人不被其誤故特辨其誤也

一是書定三卷分天地人三才前後序及凡例共有九頁以接九卦是書蔣公所傳後門人恐失傳乃編成帖

項木林撰

三大卦總式

地　壬丙甲庚　戌未丑辰

天　子午卯酉　乾坤艮巽

人　癸丁乙辛　亥申寅巳

上四正卦　下四隅卦

水出四正立四隅向水出四隅立四正向此楊公認水立向秘訣也

一八統龍訣

子午卯酉為貪狼在左右之壬丙甲庚癸丁乙辛皆而為貪狼矣

乾坤艮巽為補弼則左右之戌未丑辰亥申寅巳皆而為補弼矣

龍水為外八卦山向為內八卦內外配合只在一卦之內為不出卦也

天玉經補註上卷

内傳上

江東一卦從來吉八神四個一

說卦傳曰立天之道陰陽立地之道柔與剛陰陽二字風水之祖也天左行故日月星辰自東自西江淮河漢自西自東故江東卦自左而右順行江西卦自右而左逆行其原本于天地不以字論也江東一卦者取地闢于丑之義丑為江東卦之統龍故未辰戌皆為地元龍矣四隅卦对待是四正則壬之貪狼而甲庚丙皆為貪狼而合戌江東一卦卦起于西壬在子之西故挨星之法自西

向丑而甲而辰而丙而未而庚而戌皆左行也其法以天德三壬六甲九丙丑庚為倒故辰戌丑未之水配甲庚丙壬之水配辰戌丑未之向三字青囊所謂天德神數乃道理順逆為機神寶照經所謂辰戌丑未四山坡甲庚丙壬葬墳多是也楊公雖云辰戌丑未配甲庚丙壬收貪狼入穴為神機之妙用而後天卦配洛書之象父母水到宮尚未發明也故壬必配辰天德三壬也甲必配未天德六甲也丙必配戌天德九丙也庚必配丑天德丑庚也皆奇偶相配陰陽相見元空立卦既合天德而成五吉然月德三合未嘗不合也如一四之地壬来辰去二三之地甲来

未去六九之地丙來戌去七八之地庚來丑去皆三合家甲庚朝堂丙壬到局旺來墓去之義故曰分而為二合而為一明乎此則地理之迎神出煞無遺蘊矣八神四個者八卦中經四位而起父母也法以六十甲子納音將六陰陽土六陽土寄于中宮一山兩音配成二十四山自中宮而生甲子甲午之父母父生子而子生孫即同類取妻隔八生子之法也五行先天卦仲而後地卦孟而後人卦季此遁甲三元之紀也蓋八位一山兩音即經四位矣此卦係人元卦乙亥所生故蠡海集所謂亥為天門巳為地戶純陽之位開闔之樞所以關鍵五行也陽卦自亥宮庚申同宮取亥酉

為妻陽八生地元丑未戌辰為孫丑生甲位丙子甲生辰位甲申辰生丙位癸乙丙生庚子而終陰卦自乙宮庚寅同位取辛卯為妻陽八生地元未戌戌為孫未生庚位丙午庚生戌位甲寅戌生壬位壬戌壬生庚午復入中宮狐首經曰陽生于子陰生于午自子至丙東南司陽自午至壬西北司陰則壬丙者陰陽之所以成終而成始也一者言地元宮之逆子不與父母同行只管一卦之事不能兼通他卦也俱錄各圖于左

附

天玉三大卦直解

地理以八卦為用每一卦管三山中一山為天卦右一山為地卦左一山為人卦江東一卦卦起于西地卦在天卦之右也八神八干也四個地卦中之壬丙甲庚也一者地卦只管一卦不能兼收地卦也地卦四神只壬丙甲庚而云八神者一干分陰陽兩局四二為八也江西一卦卦起于東人卦在天卦之左也八神者八干也四個者人卦中癸丁乙辛也二者能兼管二卦也四干癸丁乙辛而云八神者一干而分陰陽兩局也南北卦者子者在北午在南天卦也子午陰陽合成一卦故曰共一卦也此元廣大兼收人地

二卦猶云八個三故云端的無差也此以四正一卦為側其四隅等卦皆以中一山為天卦卦右一山為地卦左一山為人卦而辰戌丑未之為地寅卦申巳亥之為人卦皆由此而定矣○子與午合成天卦壬與丙合成地卦癸與丁合成人卦此南北合卦也此天玉經直解乃蓮池先生所傳故附于此以正後來諸書之謬

咸豐元年九月

瞕山記

地元卦陽四局之圖

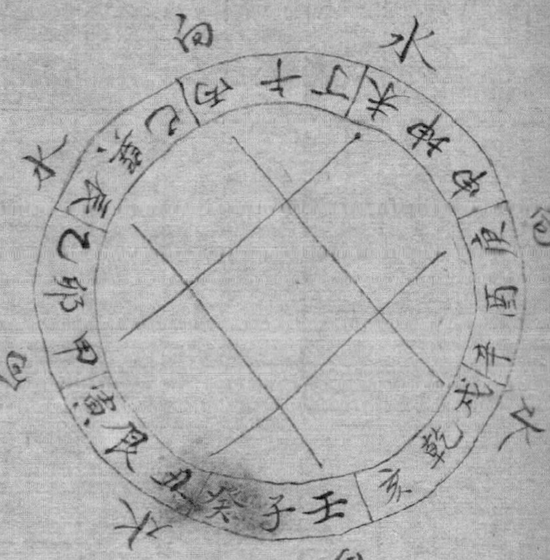

壬山戌水丙山辰水甲山丑水庚山未水父母水剋宮也即一六四九三八二七河圖之数經四位而起父母是也

壬向辰水丙向戌水甲向未水庚向丑水此天德之合真陰真陽真夫婦交媾也

暉山註

地元卦陰四局之圖

辰山甲水戌山庚水丑山壬水未山丙水此經四位父母水宮到也

辰向壬水向戌丙水丑向庚水未向甲水此天德旺氣也為真陰陽真夫婦交媾也

暉山註

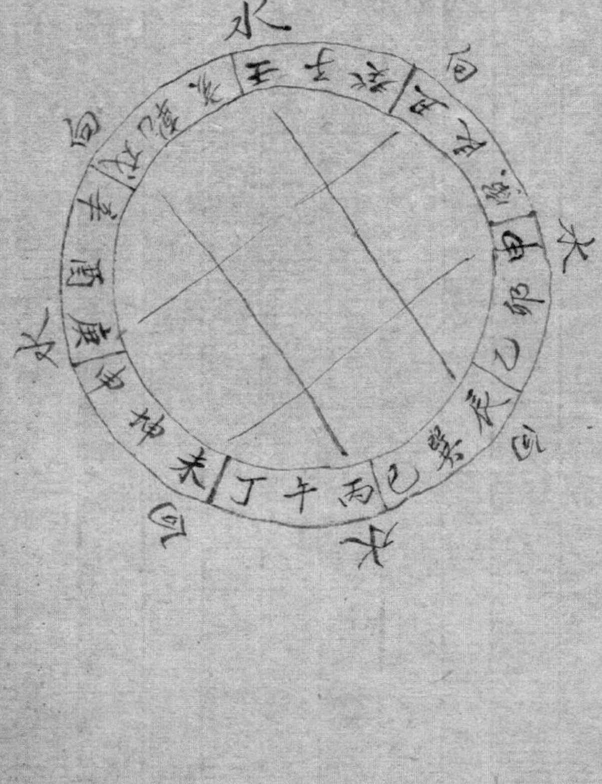

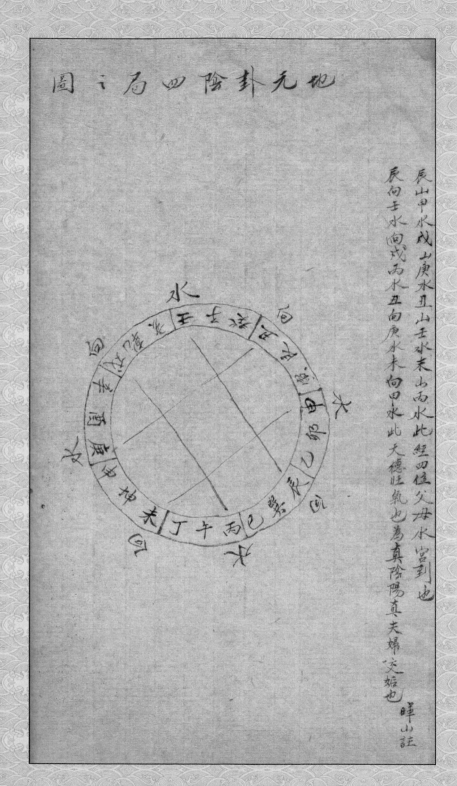

附

五位相得而各有合解

查天德五合壬辰丙戌甲未丑庚壬水生申墓辰經壬癸甲乙而合于辰丙火生寅墓戌經丙丁庚辛而合于戌甲木生亥墓未經甲乙丙丁而合于未庚金生巳墓丑經庚辛壬癸而合于丑皆五位相合。然壬辰即申子辰水局也丙戌即寅午戌火局也甲未即亥卯未木局也庚丑即巳酉丑金局也此天德與三合二而一者也五位相合其妙在此乙辛丁癸四陰干亦然其尤妙者一卦三山如坎离一交子與午合而成南北卦壬丙一交而成江東卦癸丁一交而成江西卦離先天乾坎先天坤乾坤隔五而位相合其

他六卦皆同人能悟得五位相合之訣先天後天一以貫之成真証道不難矣

暉山記

天德歌　正丁二坤宮三壬四辛同五乾六甲上七癸八艮逢九丙十居乙子巽丑庚中

月德歌　正五九月丙二六十月甲三七十一壬四八十二庚

見大六壬

德慶謀

天德

正 二 三 四 五 六 七 八 九 十 冬 腊

寅卯辰巳午未申酉戌亥子丑

丁 坤申 壬 辛 乾亥 甲 癸 艮寅 丙 乙 巽巳 庚

月德

正五九 寅午戌 丙

二六十 卯未亥 甲

三七冬 辰申子 壬

四八腊 巳酉丑 庚

天卦

子午卯酉（陰）配巽乾坤艮（陽）

人卦 寅申巳亥（陽）配丁癸辛乙（陰）

地卦 辰戌丑未（陰）配壬丙庚甲（陽）

此為天卦人卦地卦三大卦

曾暉山採集

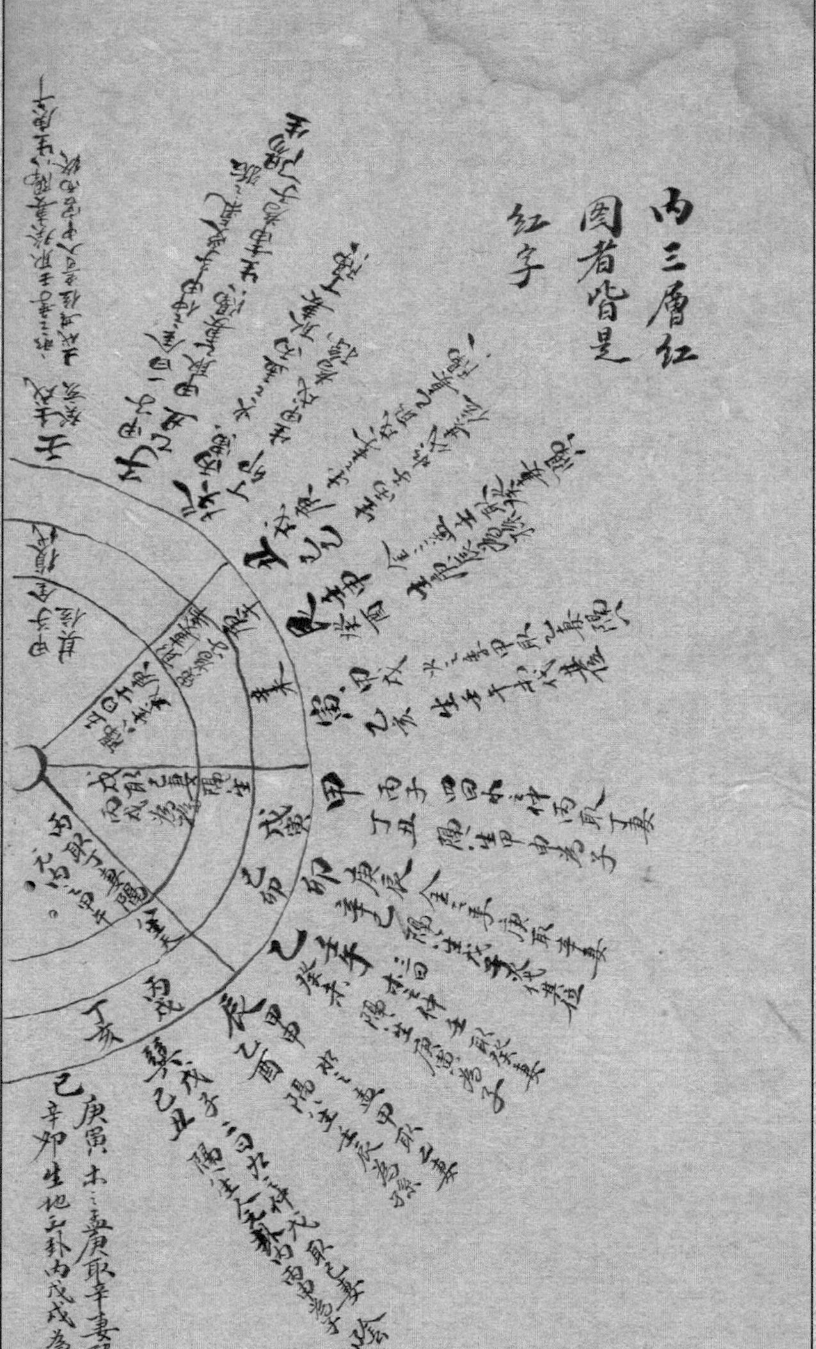
內三層紅
圈者皆是
紅字
庚寅木三壺庚取辛妻陽八
乙辛卯生地正卦內戊戌為孫

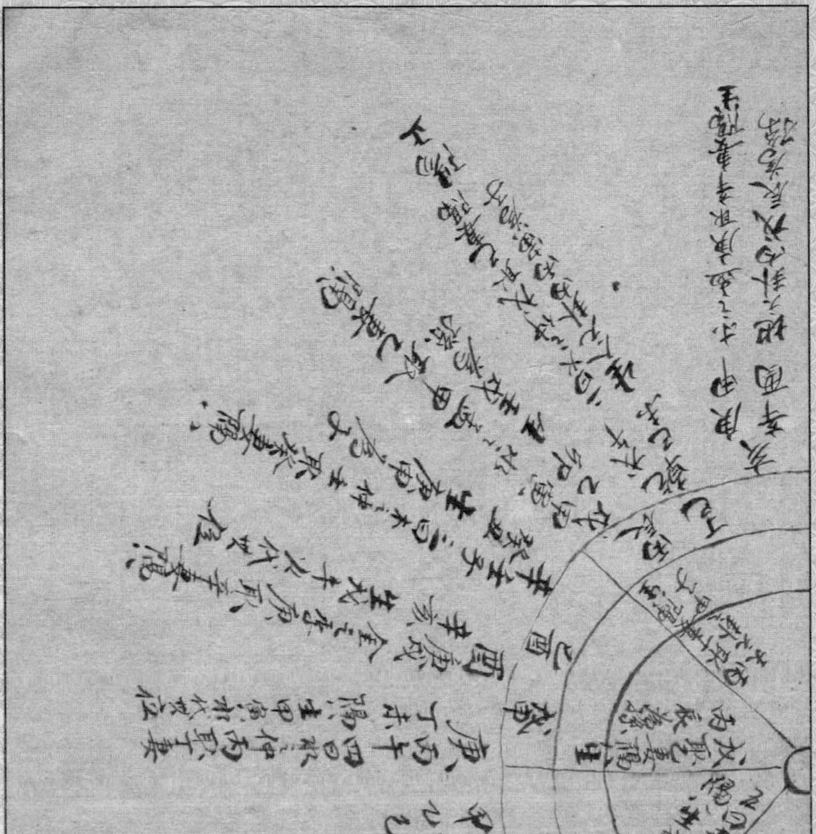

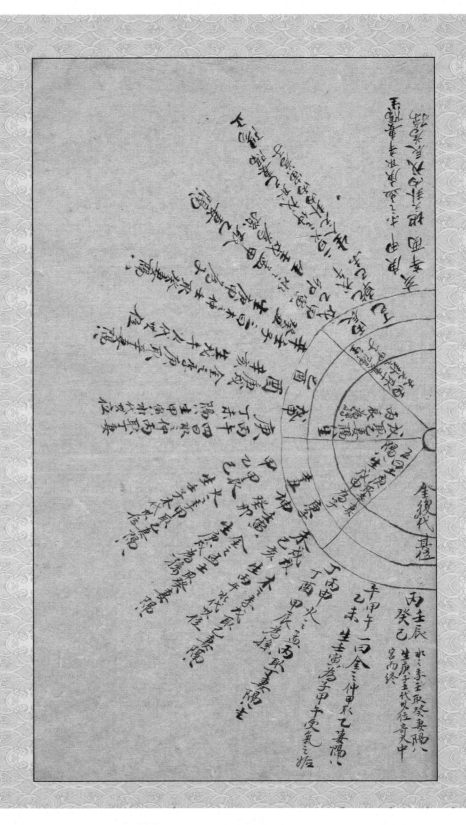

查经四位之説創自蔣大鴻而本原出於律呂陽八相生今考其説以八卦中一爻為父母天卦不经位数实然自起其左右人地兩卦八千八支皆経四位而起八千一路壬丙甲庚乙辛丁癸皆以壬子起双山八支一路子午卯酉辰戌丑未皆以癸子起双山八千一路壬子同宮陽八而生未故曰壬之父母在未八支一路癸子同宮陽八而生坤故曰子之父母在坤實照経以乾坤艮巽為子午卯酉之父母甲丙庚壬為辰戌丑未之父母乙辛丁癸為寅申巳亥之父母凡取穴取向取水皆取陽八相生中有本卦陰陽父母故實照三元龍法取甫取貪龍脉上訣見地理元文節錄

於此並附蔣圖于後以備參考暉山記。

蔣氏挨星圖

此圖外一層以坎宮壬子癸安于坤宮未坤申未上順布二十四

山二層之數即從未上起一為貪狼坤二為巨门申三為祿存庚四為文曲酉六為武曲辛七為破軍戍八為甫乾九為弼亥大起一貪巨九星順序挨去三層二十四山本位四層一申二坤三未九星逆行挨去五層九星六層八卦父母七層方位八卦見地理元文

此圖起父母是而挨星則非也

嶧山記

朱子納音方圖。

宮 屬土 生金
商 屬金 生水
角 屬木 生火
徵 屬火 生土
羽 屬水 生木

陽金 甲子乙丑仲 壬申癸酉孟 庚辰辛巳季
陰金 甲午乙未 壬寅癸卯 庚戌辛亥
陰水 丙子丁丑 甲申乙酉 壬辰癸巳
陽水 丙午丁未 甲寅乙卯 壬戌癸亥
陽火 戊子己丑 丙申丁酉 甲辰乙巳
陰火 戊午己未 丙寅丁卯 甲戌乙亥
陽土 庚子辛丑 戊申己酉 丙辰丁巳
陰土 庚午辛未 戊寅己卯 丙戌丁亥
陽木 壬子癸丑 庚申辛酉 戊辰己巳
陰木 壬午癸未 庚寅辛卯 戊戌己亥

宮起甲子甲午 商起甲申甲寅 角起甲辰甲戌

朱子曰樂聲生五行是土金木火水初一曰宮宮商角徵羽納甲丙戊庚壬係以五子而隨以五丑次曰二商商角羽宮納丙戊庚壬

甲係以五寅而隨以五卯次三曰角以角徵羽宮商納戊庚壬甲丙係以五[illegible]而隨以五巳以上三宮自甲子至癸巳為陽一局是曰小成次四曰宮復以宮商角徵羽納甲丙戊庚壬係以五午而隨以五未次五曰商以商角徵羽宮納丙戊庚壬甲係以五申而隨以五酉次六曰角以角徵羽宮商納戊庚壬甲丙係以五戌而隨以五亥以上三宮自甲午至癸亥為陰是曰大成宮君商臣角民故以為首徵羽乃事物不可以為首是以三甲終而復始于宮千為天支為地音為人三才之道備矣

惲山記

五行五音提綱

宮屬土生金統陽十二金音　商屬金生水統陰陽十二水音
角屬木生火統陰陽十二火音　徵屬火生土統陰陽十二土音
羽屬水生木統陰陽十二木音合六十甲子之數　暉山注

十二律配十二月

正月大族夾鍾二三為姑洗四仲呂五月蕤賓六林鍾七為夷則八南呂無射應鐘九十分冬是黃鐘腊太呂

查納五音五行金火木水土一行各三元由仲而孟而季金三元畢而傳之火火三元畢而傳之木水土亦然其起法有二陽生甲子而止于癸巳陰生甲午而止于癸亥陽一局起法自甲子至丁

乙丙五行之三六一周猶易三爻而為小成也陰一局起法自甲午至丁亥而五行之三六又一周猶易之六爻而為大成哉細玩圓方二圖方知　暉山記

方圖宮一局起例　其法繁雜故起一圖以為例

初一宮商角徵羽納甲丙戊庚壬係以五子而隨以五丑宮得甲子商得丙子角得戊子徵得庚子羽得壬子宮為土土生金故甲子乙丑納音金商為金金為水故丙子丁丑納音水角為木木生火故戊子己丑納音火徵為火火生土故庚子辛丑納音土羽為水水生木故壬子癸丑納音木商角徵羽四宮同推　暉山注

江西一卦排龍位八神四個二

江西一卦取人生于寅之義也寅為江西卦之統龍故申巳亥皆為人元龍四隅卦對待是四正卦則癸之貪狼而乙辛丁皆為貪狼合成江西一卦卦起于東（子之東起）自癸一字亥一字辛一字申一字丁一字巳一字寅（乙）一字寅一字此八卦獨向右走欲以天德壬丁四辛乙癸十乙取義如寅申巳亥之水配乙辛癸丁之向乙辛丁癸之水配寅申巳亥之向即寶照寅申巳亥騎龍走乙辛丁癸水交流是也後天卦配洛書數合成五吉已註明江東卦中然其妙尚有河圖奇偶數存焉此乃赤松子青囊所固有楊公雖引數言

而未明具義青囊経曰一六共宗二七同道三八為朋四九為友五十同途闔闢奇偶由此觀之則亥水癸向癸水亥向一六共宗也申水辛向辛水申向二七同道也寅水乙向乙水寅向三八為朋也乙水丁向丁水乙向四九為友也向與水配則真陰陽真夫婦交媾山與水配則陽四位父母水到宮合成五吉此卦微與天德卦異略蓋天德以丁山寅水寅山丁水辛山乙水乙山辛水癸山申水申山癸水乙山亥水亥山乙水取天道旺氣為吉二法相過堂向具真可以互用八神四個者亦是八卦中経四位而起父母也此卦係天之乾巽所生故黄帝素問以奎壁角軫為天地之

門戶而萬物所從出王氷註引遁甲六戊為天門六己為地戶天門在戌亥之間奎壁之分地戶在辰巳之間角軫之分陽卦係天六宮乾宮戊午同類取己未為妻陽八生人六癸位丙寅為子癸生寅位甲戌寅生乙位壬午乙生己位庚寅己生地六未位戊戌陰卦係天六巽宮戊子同推取己丑為妻陽八生人六丁位丙申為子丁生申位甲辰申生辛位壬子辛生亥位庚申亥生地六丑位戊辰皆陽八相生經四位而起也二者言天六所生之順子與父母一路同行能兼兩卦之用故乾亥艮寅巽巳坤申之水配乙辛丁癸之向亦取貪狼星五位相得而合成五吉之氣此是四正

卦能兼兩卦故略兼乾坤艮巽亦無妨害即乙辛丁癸單行脉半吉之時又半凶坐向乾坤艮巽位兼輔而成五吉龍寶照經所稱也其奇偶相配與前五位相合及天德法無異具錄各圖于左

人元卦陰四局之圖

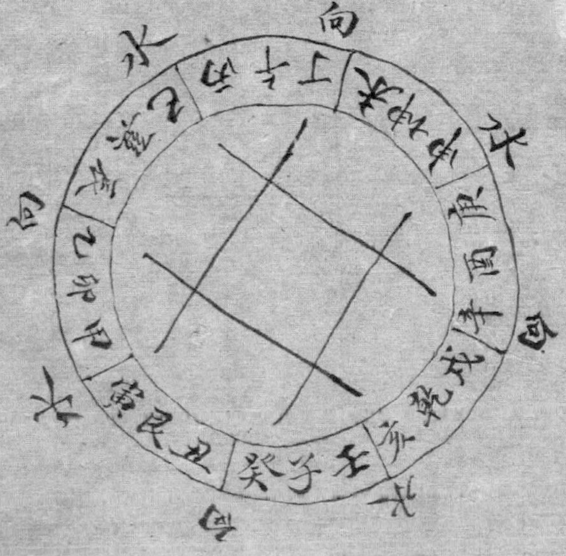

亥水為父母陽四位生癸山
寅水為父母陽四位生乙山
乙水為父母陽四位生丁山
申水為父母陽四位生辛山
所謂山以水配陽四位父母
水到堂也

丁向寅水癸向申水辛向乙水乙向亥水天
德數也所謂向以水配真陰真陽交姤也
丁寅一癸申七辛乙四乙亥十 此天法數也 暉山注

人元卦陽四局之圖

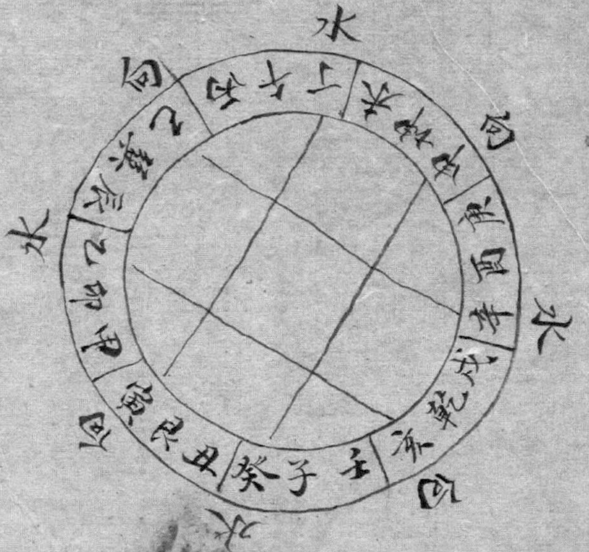

寅山癸水甲山丁水乙山乙水亥
山辛水此經四位父母水到宮也
寅向丁水甲向癸水乙向辛水
亥向乙水此天弦旺氣真陰陽
真天歸交姤也 蟬山注

人元兼天元四陽卦圖

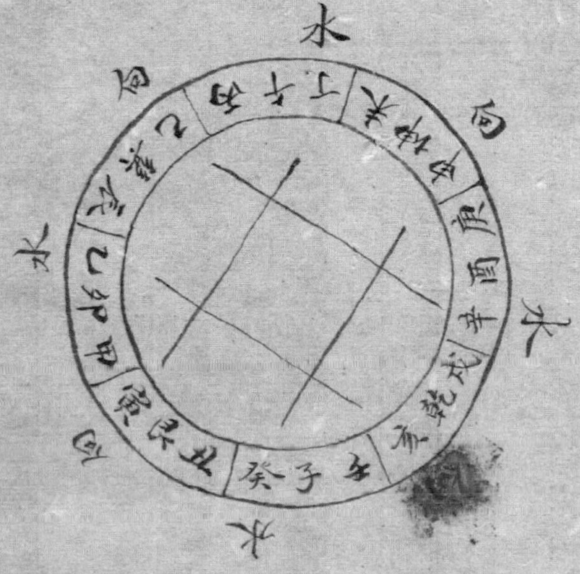

癸山兼子亥水來乙山兼卯
寅水來丁山兼午巳水來辛
山兼酉申水來此經四位父母
水到宮也
申兼坤向出癸子寅兼艮向
出丁午亥兼乾向水出乙卯乙
兼巽向水出辛酉此天德旺氣
真陰陽真夫婦交媾也 睥山旺

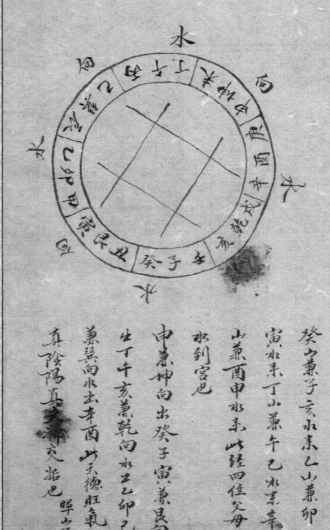

人元兼天元四正卦圖

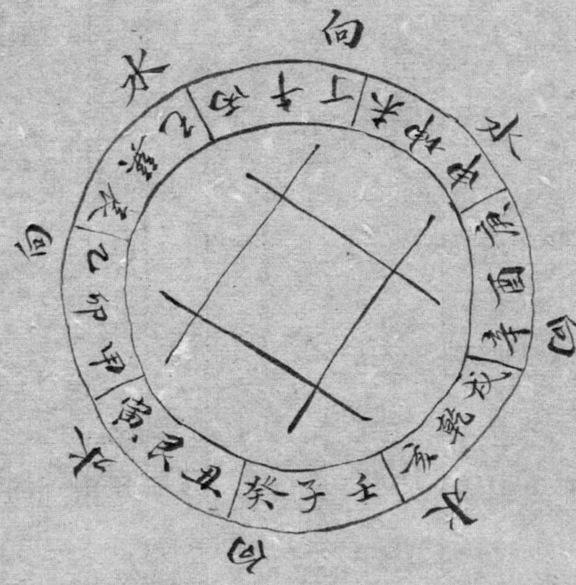

癸山兼子乾亥水來丁山兼午巽巳水來乙山兼卯艮寅水來辛山兼酉坤申水來此歸位父母水到宮也

癸山子向水出坤申丁兼午向水出艮寅乙兼卯向水出乾亥辛兼酉向水出巽巳此天德旺氣真陰陽真夫婦交媾也　暉山注

南北八神共一卦端的應無差

南北二卦者天德二坤五乾八艮子巽也此卦取天開于子之義故以子午卯酉為天元四正卦對待是四隅則艮之甫星与乾坤巽皆屬甫星而合成一卦南北一卦如子午卯酉之水配乾坤艮巽之向乾坤艮巽之水配子午卯酉之向寶照云子午卯酉四山龍坐對乾坤艮巽宮是也楊公雖云天元宮能包諸卦兼收甫星之卦如穴然五吉之龍神夫婦之牝牡畢竟從洛書数配後天方位則不易之理也故子一配巽四五午九配乾六卯三配坤二酉七配艮八皆天德旺氣奇偶相配陰陽相見易曰五位相得而各

有合正謂此也八神者亦同類取妻隔八相生之法蓋自中宮丙辰土而生黃鍾之甲子金爲陽丙戌土生甦賓之甲午金爲陰故曰南北沈括云自子至午爲陽故自黃鍾自仲呂皆下生自午至亥爲陰故自林鍾至應鍾皆上生陽卦自子宮甲子同位取乙丑爲妻隔八生艮之壬申爲子艮生卯之庚辰爲孫卯生巽之戊子火代其位巽生人元丁〻丙申爲子陰卦自午宮甲午同位取乙未爲妻隔八生坤之寅壬爲子坤生酉之庚戌爲孫酉生乾之戊午火代其位乾生人元癸位丙寅爲子不言四個者此父母卦中所生不錯位數突然自起也共一卦者天元宮能兼三卦之用非

東西兩卦可比也故子午卯酉兼乙辛丁癸之水配子午卯酉之向乾坤艮巽兼寅申巳亥之水配乾坤艮巽之向皆後天合十之雌雄交媾蔡西山云雌雄言乎其配合也地理家以雌雄言之大概不過相對待之理故北來之山先天是坤南方有水先天是乾西來之山先天是坎東方有水先天是離方為真陰真陽相對待之妙談卦天地定位山澤通氣雷風相搏水火不相射蓋以陽之乾為天對以陰之坤為地天覆于上地載于下也以陽之艮為山對以陰之兌為澤山載于上澤受于下也以陽之震為雷對以陰之巽為風雷發于下風動于上也以陽之坎為水對以陰之離為

先天卦乾坤兑艮離坎震巽皆隔五位而合故曰五位相得而各有合

火水火平衡形常相陽而情常相親也繫詞傳所謂五位相得而各有合寶照所謂子癸午丁天元宮卯乙酉辛一路同若有山水一同到半穴乾坤艮巽中是即天元兼人元順子入局其後天卦河洛陰陽皆與天元宮五吉之氣無異楊公雖云江東卦逆子入局不能兼通他卦而南北父母卦能兼三卦之用以其父母可兼子息子息不可兼父母也如辰戌丑未之水配乾坤艮巽之向即寶照云辰戌丑未四山龍乾坤艮巽歸夫宗甲庚丙壬為向正脉取貪狼護正龍辰戌丑未既為地元不能兼通他卦而乾坤艮巽又辰戌丑未之歸則天元可兼地元不辨自明然統而論之夫非真

非真夫婦非真婦下卦有錯未免犯差錯之病故四正卦取貪狼入穴為正龍護衛亦與天地德旺氣五位相得之法吻合四陽卦配書縱橫之數故辰必配乾戌必配巽丑必配坤未必配艮卯子曰洛書之縱橫十五而七八九六迭為消長虛五分十而一合九二合八三合七四合六則無適而不遇其合為此變化無窮之所以為妙也即青囊經所謂背一面九三七居旁二八四六縱橫紀綱陽以相陰陰以含陽者是也今具錄天元宮八局兼人元八局天元兼地元八局各圖于左

敬繪天元陰四局陽四局並繪(地元)天元、兼四陽卦四正卦天元兼四(人元)

隅卦四正卦俾後人一目了然切勿洩漏天機慎之慎之

天元卦陰四局之圖

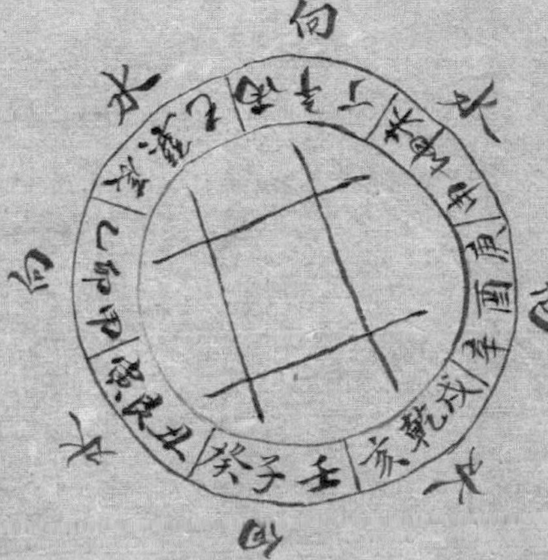

子合巽午合乾卯合坤酉合艮天德也
子山乾水卯山艮水午山巽水酉山坤水父母水到也

天元卦陽四局之圖

乾山酉水艮山子水巽山卯水坤山午水父母水到也
乾[illegible]子水巽山午水坤山卯水艮向酉水天穠旺氣也

暉山注

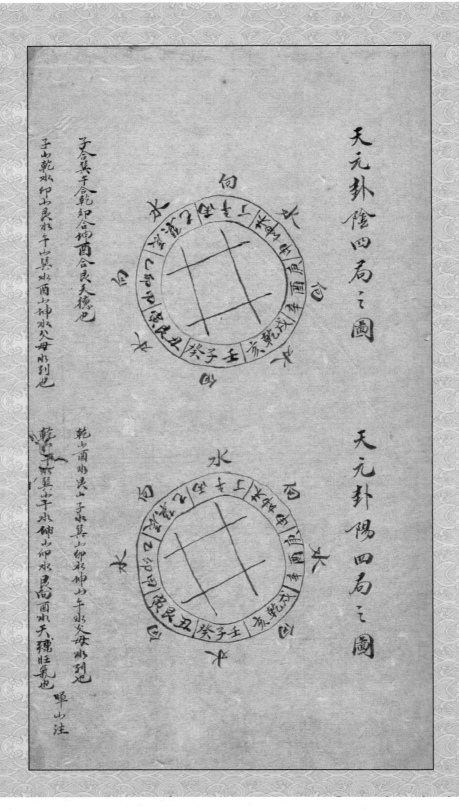

天元兼地元四隅之圖

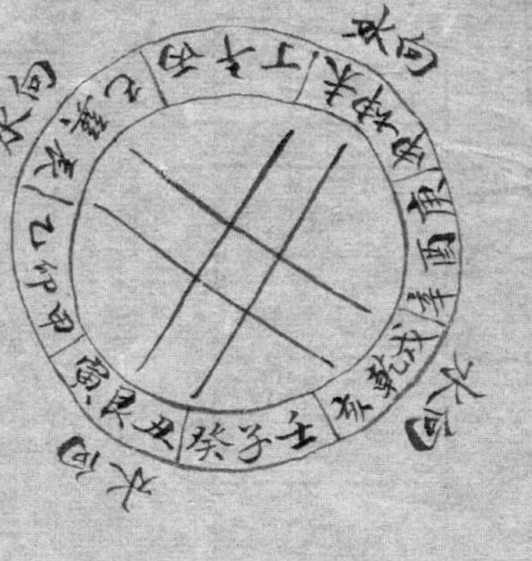

乾向辰水巽向戌水四合六也
艮向未水坤向丑水二合八也
此後天合十之數

天元兼地元四正卦之圖

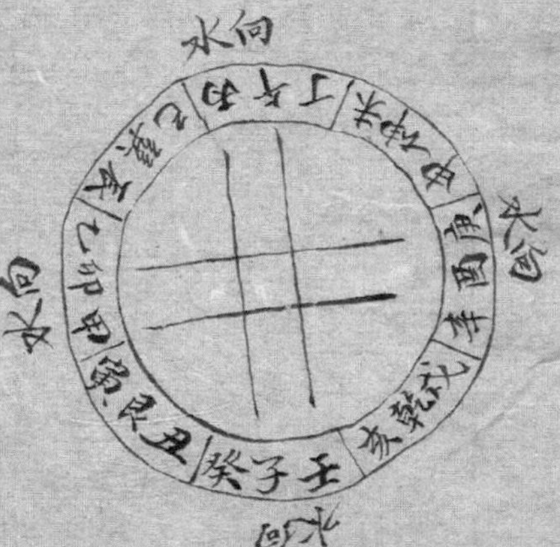

子向丙水午向壬水一九合也
卯向庚水酉向甲水三七合也
此洛書合十之數　暉山注

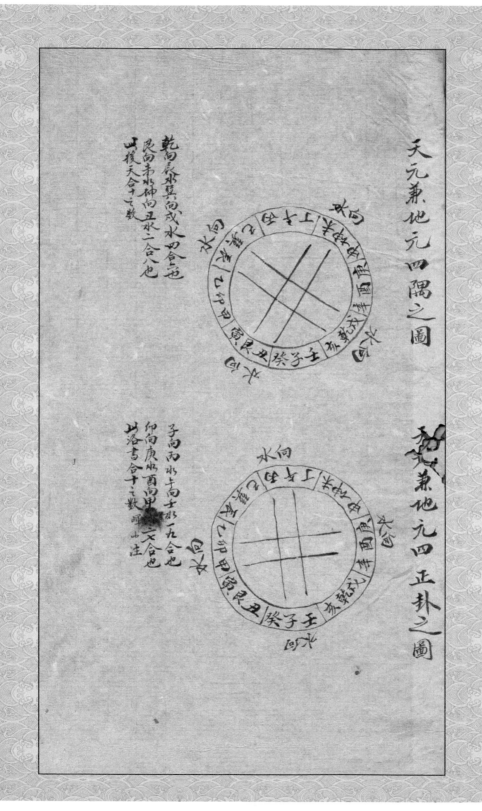

天元兼人元四隅卦之圖

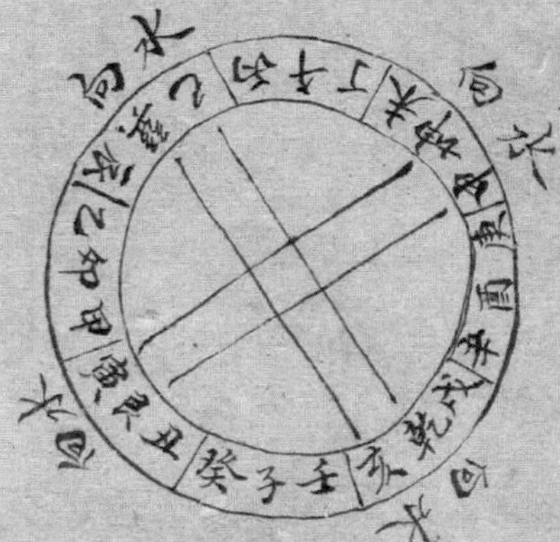

乾坤艮巽兼寅申巳亥之水立乾坤艮巽之向

乾巽四合六坤艮二合八此後天合十合十之數也

天元兼人元四正卦之圖

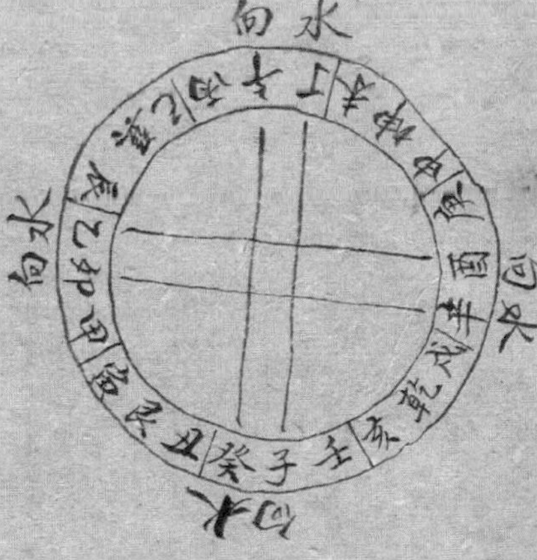

子午卯酉兼乙辛丁癸之水立子午卯酉之向

子午一合九卯酉三合七此後天合十之數也

暉山注

天卦江東掌上尋知了值千金地畫八卦誰能會山與水相對

天卦者父母卦也先天卦以乾為天居南坤為地居北離為日居東坎為月居西而後天卦得先天離之東卦進位于南方故吴景鸞云天卦本自東方來比乾坤一交八卦始成皆山水相對陰陽相見易曰天地交而萬物通上下交而其志同古往今來未有不交合而成造化者也

父母陰陽仔細尋前後相兼定前後相兼兩路看分定兩邊安

父母陰陽即乾為父為陽坤為母為陰乃卦之父母也震為長男兑為女此卦之子息也此八卦之子母也太陽乾兑少陽離震巽

坎少陰太陰艮坤為母為陰卦諸卦之父母即支之父母也八卦
自為父母也八卦自為父母偏傍兩路即為子息如乾為父母戌
亥兩支為子息亥為順子戌為逆子離卦以午為父母丙丁兩干
為子息丁為順子丙為逆子順子丁兼逆子不可兼此一卦之父
母也青囊云八干四維輔支位子母公孫同此推是也前後相兼
兩路看看父母兼子息子息兼父母皆有兩路天兼人人為父母兼
子息人兼天為子息兼父母午兼丁為父母兼子息丁兼午為子
息兼父母若水合天兼人向宜七十三丁水合人兼天向宜七丁
三午則分定兩邊毫無溷雜矣餘可類推

卦內八卦不出位代代人尊貴向水流歸一路行到處有聲名龍
行出卦無官貴不用勞心力只把天醫福法衰未解見榮光
八卦不出位即子兼壬兼癸之類詳見下文向水流歸一路者即
父母卦之水上在父母內來者謂之一路如乾宮之水節節在乾
或自乾而艮而巽而坤配子午卯酉或乾坤艮巽之向謂之父母
一路癸宮之水節節在癸或自癸而乙而丁辛配寅申巳亥或乙
辛丁癸之向謂之子息一路蓋向水皆在一路也龍行出卦者父
母卦折入子息子息卦折入父母謂之出卦如乾宮之水與龍卦
入壬或折入癸庚宮之水折入乾或入亥之類皆為出卦天醫福

德即遊年卦倒也

倒排父母陰龍位山向同流水十二陰陽一路排總是卦中來倒排父母即青囊序先看先龍動不動後審血脉認來龍亦即江南來龍江北望江西龍去望江東之義此乘地中陽生之氣以有形之血脉察無形之金龍也蓋血脉者水也知水之所自來即知氣之所自來矣地理家尋龍格龍者本此劉青田云天造地化莫神于龍龍即乾陽煖氣也以其顯隱莫測故謂之龍地理辨正云金龍者氣之無形者也龍本非金而云金龍者乃乾陽金氣之所生故曰金龍然蔣先生既有是說而未明其所自起僕後學考據精

詳顧名思義其為納音之法無疑矣蓋納音與納甲同法乾納壬甲坤納乙癸納音始于金金乾也終于土土坤也蠡海集云萬物之所以為生也必由氣氣者何金是也金受氣順行則為五行之體逆行則為五行之用故六干甲子納音以統萬物之用蓋金龍能受聲而宣氣也此以立穴處先到者為真氣流露一與此水氣相親即成金龍扣下元甲子以兑艮離三宮為旺氣而倒排則不用兑艮離水須顛用震水以兑為金龍坤水以艮為金龍坎水以離為金龍即得真氣矣若悞用兑艮離之水則用順排而非用倒排反使三元煞氣出所謂秦血脉認來龍倒排父母之作用也慕講

師云水來即定向四對正向同南水即為坎北水以離論乾局東
南水巽宮西北源生死同龍向吉㐫不異傳碎金賦云依法喝局
須分三元興敗是也十二陰陽即揆量圍艮寅甲巽巳丙坤申庚
乾亥壬十二位為陽卯乙辰午未丁酉辛戌子癸丑十二位為陰
二十四陰陽雜歸一路而排然總不離三叉父母之真消息也闗
闗天闗地定雌雄富貴此中逢翻天倒地對不同秘密在玄空
闗天闗地即寶照城门一訣天地之闗竅也苟能知此則天根月
窟雌雄交構如在眼前今一指明矚目可見矣然城门之談皆從
洛書中來一卦有一卦之城门舉四正卦而言則有四若兼四隅

卦而言實有八括其要旨只有未去城门而已如城門自壬而未
自辰（坎卦城门）而去即立壬向自甲而未從未（震卦城门）而去即立甲向此地元卦即
得五而合經父母水到宮皆乘天法德旺氣也是即陰陽交媾山情
水意之義翻天倒地即上文倒排父母
三陽水向盡源流當貴永無休三陽六秀二神當立見入廟朝堂
先天乾卦三畫為陽入後天為離成丙午丁三位故丙午丁水向
為三陽也然三陽水向何以稱為奇也蓋丙午丁乃南方正位以
文明化成天下帝王大地必以三陽水向方為正穴故都城州縣
衙署皆向南而治也六秀即上文卦之子息四陽卦以寅申巳亥

辰戌丑未為六秀四正卦以甲庚丙壬乙辛丁癸為六秀若山向在乾坤艮巽卦中則用本卦之乙辛丁癸為六秀即天元兼地元也山向在坎離震兌卦中則用本卦之乙辛丁癸為六秀即天元兼人元也二神即下文零神正神三陽六秀二神當於言三陽水得丙丁六秀之氣更得上元零神入局立見富貴必入朝堂

水到玉街官便至神童狀元出印綬若然居水口玉街近台甫鼕鼕鼓角隨流水艷艷紅旂貴

玉街指去水而言能知水口之處則六空下卦必須得五位交合兼乘天德旺氣於父母之印綬生身而有顧我欲留之意故曰印

綬居水口水口生入則雌雄交媾如珠之聯而為玉街之吉位居台輔必至矣下二句鼓角紅旂言形勢也

上按三才并六建排定陰陽箕下按玉輦捍门流龍去要回頭三才三卦也六建兩其三也三卦即二十四也兩其三即四十八矣繫辭傳曰兼三才而兩之故六六者非他三才之道也排定陰陽四十八局生成交搆也玉輦以水環之抱言捍門以水之出口言皆指形勢也

六建分明號六龍名姓達天聰正山正向流支上寡妖遭形杖

六建為四十八局之統龍故曰六龍蓋以一局領八局六龍即當

四十八局矣其法以天開于子地闢于丑人生于寅為例故以一白壬子癸八白丑艮寅為六龍也而卯子一元經世圖以子午卯酉為天皇氏辰戌丑未為地皇氏寅申巳亥為人皇氏合為三才者與奇门子午卯酉為上元寅申巳亥為中元辰戌丑未為下元之義合也要而言之皆天地自然之理而非天卦或變地卦地卦變人卦任人造作者也九星即以一八大父母為統龍而一白貪狼之壬子癸而四正甲庚丙乙辛丁午卯酉皆貪狼也八白輔星之丑艮寅而四隅巽坤乾未辰戌申巳亥皆輔星也楊公只言干維乙辛丁癸甲庚丙壬為貪狼乾坤艮巽為輔星不言地支者以

天干五行氣純地支五行氣雜如巳中有金遇木有相尅之理也孤首經云天有十干地有十二支天干屬陽地支屬陰陽清陰濁陽動陰靜用干則发用支則滯用干吉用支凶此天地之性也寶照經貪甫二星起例其原本此正山正向流支水流出卦之支也如子山午向水流寅或流丑則变支水之凶而有寡妖刑杖之禍他仿此

共路兩神為夫婦認取真神路仙人秘密定陰陽便是真龍岡

共路兩神即青囊序淨陰淨陽干支同到也実有夫婦之義如坤申為夫婦子癸亦為夫婦蓋坤申子癸同在一卦之中真神路共

一途是為真夫婦若申庚丑癸則申屬坤卦庚屬兌卦丑為艮卦癸為坎卦兩卦混雜即犯差錯又如丙午壬子相兼雖在一卦之乃陰陽交雜皆不得為真夫婦即寶照云子癸為吉壬子凶三字真假在其中故卦氣有清濁之分夫婦有真假之別也三字青囊云假夫婦為錯出為苟合沴氣行家國絕子孫淫佚荒暴

陰陽二字看零正坐向須知病若遇正神正位裝撥水入零堂零堂正向須知好認取來山腦水上排龍点位裝積粟萬餘倉

陰陽二字即上文干支同到認取真神路之義干支無差錯又須正神零神屬何卦位以合何元甲子蓋零神者衰敗之氣正神者

生旺之氣也此以龍向言正神破水言零神正神龍零神水則金龍豈不交姤乎今以上元甲子論之如坎坤靈為生旺之氣而在龍則正神正位[illegible]以兌艮離為衰廢之氣而在水則撥水入零堂矣倒排之法兌水以靈為金龍艮水以坤為金龍離水以坎為金龍則坎坤震巽皆上元之旺氣也此正青囊經所謂只要龍神合生旺氣是也如面西之向兌水過堂接震脉入向以零神衰在水上為尅水扦坤旺向西以正神衰在向上為生入則二七火數得零堂正位矣水在衰廢之方向在生旺水来尅我適以生我故與語云生我尅我名為旺孤首經曰艮山坤向兌水聚奇言上元地

也若水取本元旺位而以正神衰在水上向取本元衰位而以零神衰在向上水居于生旺龍居于衰廢似乎我反生之而得煞氣矣故奧語云從内生出名為退家裡分財皆盡廢向水既合生入尅入之妙則來山之腦必須水上排龍節節零神與生向相合同在一卦之内則零正陰陽點位衰成而積粟萬餘倉矣

正神百步始成龍水短便遭凶零神不問長和短吉凶不同斷

正神乃五行生旺之氣本屬水神顛倒排之翻衰龍上故曰百步始成龍若水過生旺正神雖短淺入向其災立至零神不問長和短此零神氣在水不拘長短皆吉若零神衰氣在龍上當煞運扣

必主有凶禍矣蓋零神只論向水之吉凶正神則龍向水皆論長短之吉凶矣

父母排來到子息須去認生尅水上排龍照位分兄弟更子孫

父母者八卦也子息者六秀也排來到子息者山龍順排父母認其生尅吉凶得生氣則吉得尅氣則凶如巽卦以巽為父母偏于巳則父母生子息為吉偏于辰則父母尅子息為凶同在一卦之內而吉凶迥別如此故吳景鸞云父子相生旺財弟兄相生强官祿父子相尅生刑傷兄弟相尅損媳婦正此謂也若水上排龍則又不能拘一卦之父母必須照位分用方為真確蓋水有一來

四去四來一去貳二來三去三來二去者只要在本宮他卦之父母來去即為純一不雜之龍如一四之地天元卦子來巽去立子向地元卦壬來辰去立辰向人元卦乙來癸去立巳向皆天法旺氣得五而合陽四位父母水到宮他宿此又如乾坤艮巽水揔在乾坤艮巽來去子午卯酉水揔在子午卯酉來去此父母一氣之卦謂之兄弟卦也子孫者如乙辛丁癸水揔在乙辛丁癸來去甲庚丙壬水揔在甲庚丙壬來去此子孫卦內之兄弟雖非一父母而總是一家骨肉為全美之龍矣寶照云天機妙訣本不同八卦只有一卦通乾坤艮巽出官貴乙辛丁癸田莊旺甲庚丙壬出神

童下後兒孫最爲榮是也
二十四山分兩路認取五行主龍中交占水中衰便是正龍傷
前面若無山交破莫斷爲凶禍凶星看在河心頭仔細問蹤由

（今兩路共今一路山有陰陽分一路水有陰陽共成四十八局非獨順逆一路而已）

二十四山羅經二十四也分兩路者如乾兼亥巽兼巳子兼癸午兼丁雖卦分兩路而同在一卦之內謂之清純然總不如單巽單子之爲更純也寶照所謂子字出脉子字尋青囊序所謂更有淨陰淨陽法是也如壬兼亥丙兼巳癸兼丑丁兼未亦分兩路兩卦相兼即犯差錯皆爲龍中交戰玉髓經云丙兼巳爲分庇煞寶照云莫教差錯丑與壬是也如未龍丑癸相兼如穴而面前丁水

一途是為真夫婦若申庚丑癸則申屬坤卦庚屬兑卦丑為艮卦癸為坎卦兩卦混雜即犯差錯又如丙午壬子相兼雖在一卦之乃陰陽爻雜皆不得為真夫婦即寶照云子癸為吉壬子凶三字真假在其中故卦氣有清濁之分夫婦有真假之別也三字青囊云假夫婦為錯出為苟合沴氣行家國絶子孫淫佚荒暴

陰陽二字看零正坐向須知病若遇正神正位衰撥水入零堂零堂正向須知好認取來山腦水上排龍点位裝積粟萬餘倉

陰陽二字即上文干支同到認取真神路之義干支無差錯又須正神零神屬何卦位以合何元甲子蓋零神者衰敗之氣正神者

坤艮巽山與向寅申巳亥龍與水必乙辛丁癸之山與向故曰聯珠莫相放也故富貴悠久之地不能不有此

五行若並翻值向百子千孫旺陰陽配合亦同論富貴此中尋

五行翻值向者即正神生旺氣翻值向上也陰陽合共即水與向得挨星之配合也

東西父母三般卦算值千金值價二十四路出高官緋紫入長安

父母不是未為好無官只富豪

東西南北三卦已見前篇二十四路合天地人三卦則高官緋紫而價千金矣並必父母之氣源大流長則為貴耳蓋父母卦微偏

止在一卦之内故天玉重父母而輕子息也子息卦略偏則出卦而犯差錯故子息之生旺雖卦氣不雜而得氣淺薄不過富豪而已八

父母排來看左右向首分休咎双山雙向水零神富貴永無貧若遇正神雖敗絶五行當分别陽向一神仲子當千萬細推詳

此承上文而言要排來山之父母兼看左右子息也如來山是酉須行龍上在酉宮之内乃為卦氣清純偏于左而辛與戌雜辛酉是一卦而戌字又犯一卦矣偏于右庚與申雜庚酉雖為一卦而陰陽混雜亦不可用申字又犯一卦矣向水分休咎共以正神氣

值向上零神氣值水上則休而以零神氣值向上正神氣值水上則咎双山双向者双山水神宜立双山之向如卯兼乙則卦氣清純乙兼辰為卦氣錯雜若雙山双向卦氣不純得零水尅入相助尚可永遠倘水神又遇正神煞氣雖山向清純必致敗絶如下元甲子以兑為旺氣而在向以坤為衰氣而在水則零神水正神向雖双向駁雜遇水神制伏富貴可期矣若以兑之旺氣而在水以坤之衰氣而在向則正神水零神向雖双山純一而有敗絶之憂矣青烏經云向定陰陽切莫乘夾差之毫厘謬以千里陽向一神仲子当共言洛書九宮定孟仲季公位也以震巽為長坎離為仲

艮兌為季乾坤為父母可包子息之貴賤以坎為仲子陽左一神
是壬陽右一神是癸皆在坎卦之內故壬癸丙丁亦為仲子如壬
子癸方有吉凶砂水即為仲子之吉凶矣他仿此
若行公位看順逆接得方奇特公位若來見逆龍男女失其蹤
公位之說上文詳之矣此又引順逆二字示山水順逆排龍之能
事備焉蓋山龍以順排父母求生氣水龍又以逆排父母求生氣
也如上元甲子山以坎龍為生氣水以坎水為煞氣也他仿此
更看父母下三吉三般卦第一
父母即天元八宮卦也三吉即下文當運之令星也三般卦即東西

南北三大卦也父母下三吉者言向砂水得父母氣之兼合元空南北一卦更得本元令星入局則父母之氣既大而三吉之星愈是挨星之第一也

天玉經補註二卷

內傳中

二十四山起八宮貪巨武輔雄四邊盡是逃亡穴下後人丁絕

二十四山起八宮乃唐一行僧所造卦例以擾外國後人稱為滅蠻者也然其法有二一以三匹貪狼一以遊年卦例專取貪巨武輔為吉破祿貪文廉為凶詳載地理大成歸厚祿中觀其起例真假

了然宜楊公不用也

惟有挨星為最貴泄漏天機秘天機若然安在内家活常富貴天機若然安在外家活常退敗五星配出九星名天下任横行

挨星者九星五行也卦例既不可用惟以九星五行為可貴也其法以一白配貪狼二黑配巨门三碧配祿存四綠配文曲五黄配廉貞六白配武曲七赤配破軍八白配左輔九紫配右弼随卦運挨去故曰挨星詩云有人識得挨星訣朝是凡夫暮是仙奥語云坤壬乙巨门從頭出艮丙辛位位是破軍巽辰亥盡是武曲位甲癸申貪狼一路行此挨星起例也予幼學时推测莫解後得廖氏

吉山獨缺祿甫文廉四星只有五星

挨星圖乃知奧語止十二字尚有十二字隱藏不露今遵挨星圖二十四山口訣開列于后訣曰坤壬乙未卯五個巨门星艮丙辛酉丑五宮破軍停巽辰巳乾戌亥盡是五曲派甲癸并子申貪狼一路行寅午與庚丁還從右弼名大元宮挨星妙訣從此排衍挨九星五行上應斗柄下照九宮主宰天地化育之道萬古不能易也真之斗柄若離貪狼武曲之吉星有时而凶失運即破祿廉文之凶星有时而吉得運斯得挨星妙用上元甲子以貪巨祿三星為吉而坤壬乙未卯皆屬巨门以其皆在一二三之運也下元甲子以破甫弼三星為吉而艮丙辛酉丑屬破軍寅午庚丁屬右弼以

其皆在七八九運內也天按星五行乃八卦五行配出九星天機之妙用故安在內安在外即有富貴退敗之分安在內在三卦之內當運之星上元用貪巨祿是也安在外在三卦之外退敗之星上元用破甫弼是也人能知此庶不愧為地師也

干維乾艮巽坤壬陽順星辰輪支神坎震離兌癸陰卦逆行取分定陰陽歸兩路順逆排推去知生知死亦知貧富下教兒孫、

干維曰壬支神曰癸者乃父母之排星兼子息之排星也四維卦乾坤艮巽屬陽順挨九星四正卦坎震離兌屬陰逆排九星江東卦逆子八局卦起于西壬丙甲庚屬陽順挨九星江西卦順子八

陰陽兩路水山个之用先天右水从左為陽順挨左水入右為陰逆挨不指出使不如順逆挨法

位卦起于東逆挨九星青囊經所謂山向是陽星則水之來去要陰星山向是星陰則水之來去要陽星幕講師云陽必配陰支龍宜作干向青囊序陽從左轉陰從右通之理故于四卦之末以壬癸二字為挨星起例或當順挨或當逆挨分定陰陽歸兩路者以每卦之中分陰陽兩路丝此兩路非二十四山分為兩路即双双起四十八局之兩路也如江東卦逆子八局四正卦甲庚丙壬屬陽順挨九星四維卦辰戌丑未屬陰逆挨九星四維卦寅申巳亥屬陽順挨九星如此論則每卦之中皆有兩路皆有陰陽非拘定四維為陽四正為陰也苟能悟此陰陽兩路則元宮大卦收山出

煞之精髓全備已盡千變化萬化之妙而生死富貴貧賤可以前知故云箇下教兒孫令將三卦之陰陽兩路挨星圖具錄于左

原註挨星隨元運挨去當改為隨元運陽順陰逆挨去

陽用順挨一貪狼二巨门三祿存四文曲五廉貞六武曲七破軍八輔星九弼星

陰用逆挨九貪八巨七祿六文五廉四武三破二輔一弼

此乃元運九星真陽真陰遁甲真順逆非俗書左順行為陽右逆行為陰按羅盤左右旋為順逆之俗說後挨星圖中每一卦中皆分陰陽兩路不知此順逆之法便從何處挨去故特為指出與同志者共証之

咸豐元年七八月曾燀山记

順逆須看水之左右水自右入左用圖中紅字順挨水自左入右用圖中白字逆挨書云八卦陰陽無定准全憑左右水流宮此先天水法真順逆也　畔山記

又一法逆挨數用九八七六五四三二一星仍用貪巨祿文廉武破甫弼序去

貪狼一星也有时從一順数挨有时從九逆数挨至一謂之顛倒非依人按羅経左右旋為順逆此順逆乃火坑也

又一法參前一位用経羅起貪狼如陰龍子逆行從前一位壬上起貪狼如陽龍亥順行從前一位壬上起貪狼二十四龍位位

起貪狼又是一法然有土卦之㨵因用之者多故附此存參

畔山記

南北卦挨星之圖

以上共三图红圖字皆紅字

乾坤艮巽陽順挨
子午卯酉陰逆挨

乾坤艮巽
貪弼祿貪
貪文廉文
子午卯酉

乾起武坤起貪
艮起貪巽起文
順挨
子起貪午起廉
卯起武酉起破
逆挨

看本山占何星即
從是星直起　順
逆挨去順行以山
為記逆行以水
為記依此尋之即
併起法三圖皆同

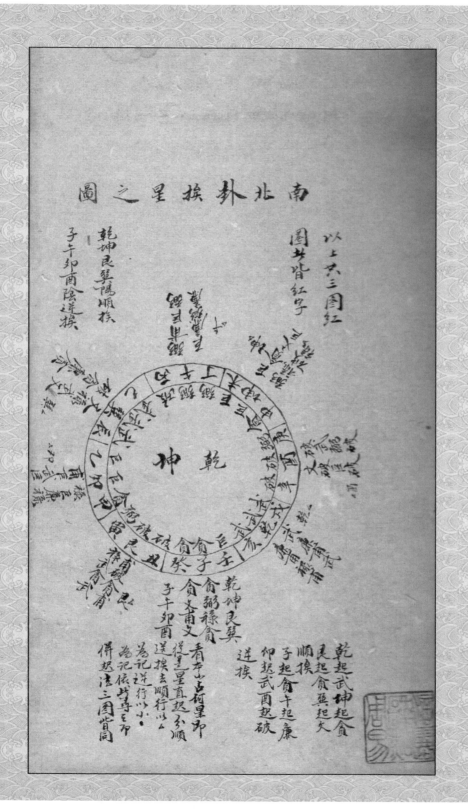

江東卦挨星之圖

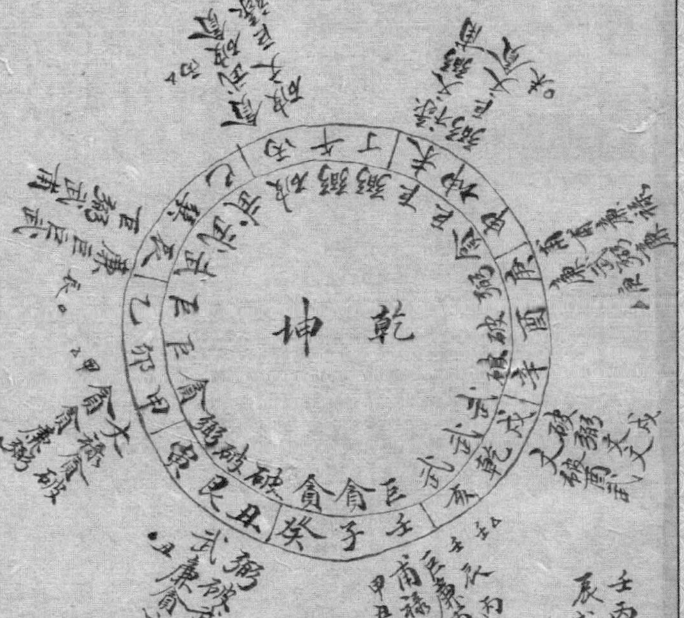

壬丙甲庚陽順挨
辰戌丑未陰逆挨

壬起巨丙起破
甲起貪庚起祿
順挨

辰起巨戌起文
丑起廉未起貪
逆挨

江西卦挨星之圖

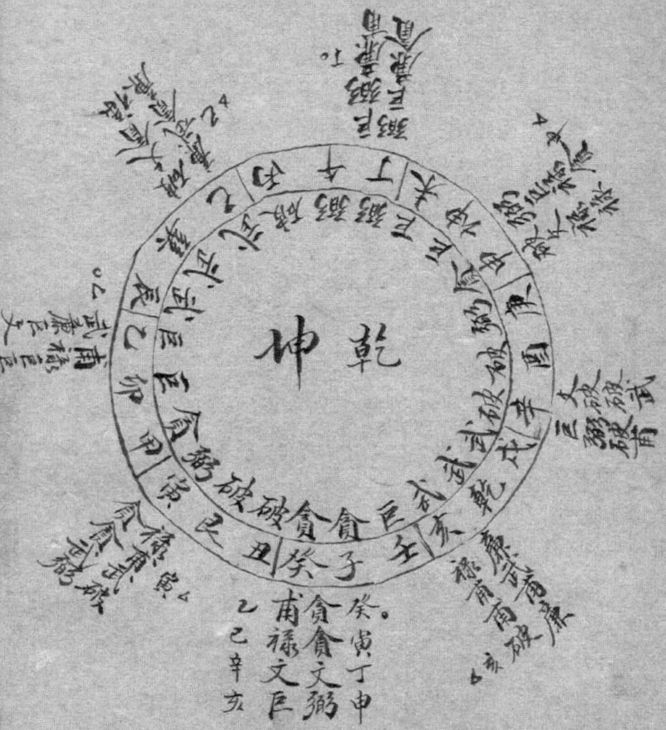

癸丁乙辛陰逆
挨寅申巳亥陽
順挨
癸起貪丁起廉
乙起武辛起破
逆挨
寅起甫申起貪
乙起武亥起破
順挨

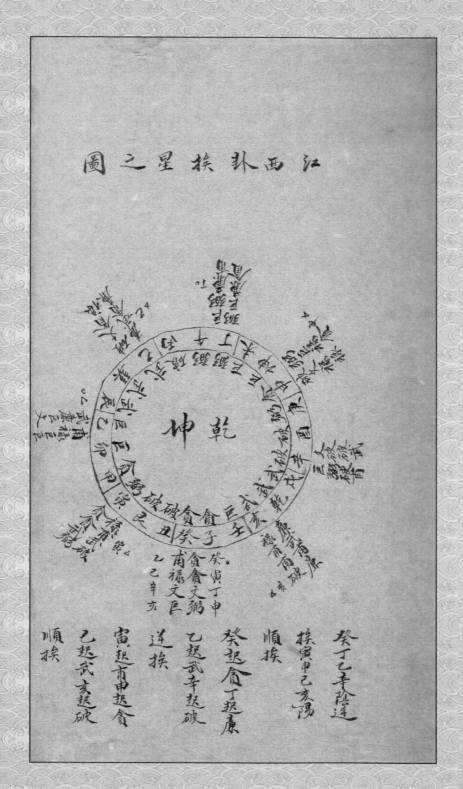

查上挨星圖只有貪巨武破弼五星而缺輔祿廉文四星乃水口挨星不是此等挨法若山上挨星則九星皆用予有全圖刻元空法鑑中方是真正挨星圖當共証之 輝山記

挨星九星全圖

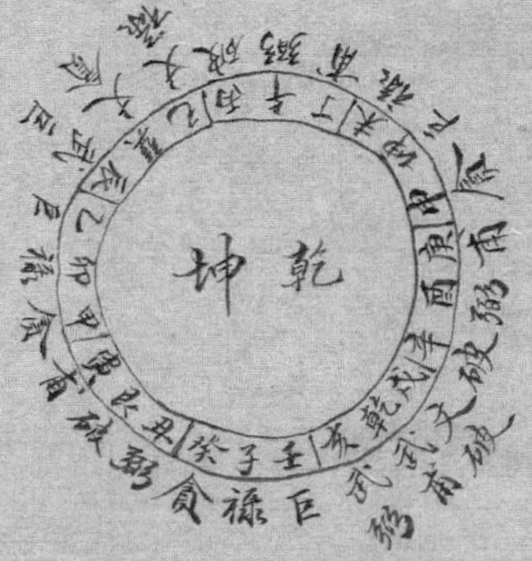

此挨星真正全圖至予入用乾巽二宮當易後天戌為兌乾為巽亥為离六宮變辰為艮巽為震乙為坎四宮變以六子為用乾坤老而不用此秘訣也 暉山記

此圖乃方外蓮池先生秘傳嘉慶七年予北上得之湖北舟中至今不忘故錄于此以証諸書挨星之謬 暉山記

山龍從坐山起水龍從向上起
分水之左右挨去

天地父母三般卦時师未曾話元宮大卦神仙說本是此经訣不識宗枝俱乱傳閙口便糊言若遂不信此经文但覆古人墳甚言元空大卦五行时师未能曉也若以八宮掌訣定吉凶皆所謂不識宗枝者也楊公恐人不信此經之理又說覆信于古人墳也

分出東西兩個卦會者傳天下學取仙人經一宗切莫乱談空五行山下向東由入首便知踪

上文言天地父母卦此又引江東江西卦三卦之理既得則可偏傳天下矣然古人立卦只重入首一節山以龍之到頭為要水以

貼身近水為緊知貼身到頭將羅經格定便知踪跡將父母卦或
子息卦則一定之穴生成之向隨之可扦矣 此是要言
分定子孫十二位災福相連值千災萬福少人知尅者論宗枝
子孫必位已見前篇若分定長生十二位胎沐養生為長子臨官衰
旺為仲子死病墓絕為幼子必致災福相連矣千災萬禍尅者論
宗枝者乃龍氣所致龍氣受尅者乃正神煞水尅制龍氣或卦内
陰陽相尅所以災福不免啫耳
五行位中出一位仔細祕中記假若未龍骨不真從此悟千人
五行八卦五行也出一位言子息龍中之出入也蓋子息卦為偏

即入他卦故又引龍骨之真與不真也如乾兼亥子兼癸雖兩字
相兼而同在一卦之內為未龍骨真又如自癸而辛而丁而乙雖
不在一宮之內而同在子息卦中以八卦論之純一不雜以三般
卦論之子息清純似出而非出亦為龍骨真實照所謂八卦只有
一卦通是也又如寅艮兼辰兼巽雖在一卦而龍氣受尅或亥兼
壬癸兼丑兩卦相兼而在卦外或自癸而甲而辰而丁東西兩卦
混雜皆龍骨不真而為真出矣

一個排來千百個莫把星辰錯龍要合向向合水水合三吉位合
祿合馬合官星本卦生旺尋合凶合吉合祥瑞何法能趨避但看

太歲是何神立地見分明成敗定在何公位三合年中是
龍身曲折雖一個排來變化多端猶千百個也如遇此等形局最
難捉摸倘挨星有錯則毫釐千里故叮嚀誡告而又歸重於挨星
不可錯認也龍水相向合即上文聯珠莫相放也三合即當運之令
星上元貪巨祿也祿馬官星即山巒形體在生旺之處則應衰敗
處則不應然在一卦之內為合吉出卦致凶總以太歲三合填實
之年則成敗立見分明即坎離應仲子之類也
排星細仔看五行看自何卦生來山八卦不知踪八卦九星空順
逆排來各不同天卦在其中

一星而分陰陽兩用故曰双起

排即挨矣五行即八卦五行也何卦生即上篇父母卦生子息也來山八卦不知踪者不知父母子息踪跡從何而來則八卦九星空而無據矣真知九星之法則順逆各有不同天卦即父母卦也

甲庚丙壬俱屬陽順排五行詳乙辛丁癸俱屬陰逆推用五行陰陽順逆不同途須向此中求九星双起雌雄異元関真妙處

甲庚丙壬俱屬陽干順挨九星乙辛丁癸俱屬陰干逆挨九星陰逆陽順各有排星卦氣雖不同途而此中之挨星則陰局有陰之父陽局有陽之父必須深求而推測也九星双起即四十八局周見上篇蓋三卦得二十四止應二十四局並二其三則有一順一

逆一雌一雄一山兩用豈非四十八局乎始合青囊陽用陰應陰
用陽朝顛倒之義青囊序云二十四山分順逆共成四十有八局
正謂此也元関乃天地之元関即城门氣口也能知城门來去之
口則元関空大卦関竅相通斯為地學之妙用矣
東西兩卦真奇異須知本向水本向本水四神奇代代着紫衣
東西二卦即江東江西卦也江東江西向水皆在一卦之內謂之
本向本水也龍水有兩神對待相見故曰奇以下元阡丁龍見子
癸水酉辛龍見卯乙水之類此尋龍尋穴之要緊法也
水流出卦有何全一代出官員一折一代為官祿二折二代福三

折父母共長流馬上錦衣遊馬上斬頭水出卦一代為官罷直山直水去無還場務小官班
水流出卦即江東卦折入江西卦所謂馬上斬頭水出卦也若二折三折折折在父母本宮或折折在子息本宮也則馬上錦衣遊矣然折水總以之元屈曲為貴如乾水折艮折巽折坤謂之父母之兄弟最為合宜如乾水直流雖節節在乾而直山直流已無地矣豈可斷為吉哉

天玉經補註末卷

內傳下

乾山乾向水流乾乾上高峯出狀元卯山卯向迎源水驟富石崇

比午山午向午來堂大將鎮邊江坤山坤向水坤流貴富永無休

註此以下楊公補天地人三元卦所謂倫也乾山乾向水來乾四局

即乾坤艮巽坎離震兌之父母卦也山向水神皆在父母卦一氣

之內必生富貴榮顯狀元大將等語不必拘泥

更有乙辛丁癸水排定陰陽位甲庚丙壬四陽神俱屬陽干行寅

申巳亥水向同富貴足興隆辰戌丑未一路行富貴振家聲

上文言父母卦此又補東西卦之所不及也陰水陽向水陰向似不必更言龍矣然龍水在乙辛丁癸之上得寅申巳亥之山向龍水在甲庚丙壬之上得辰戌丑未之山向則婦夫同歸一路人地兩元卦氣清純更合本元生旺主驟然富貴家聲遠振矣

子午卯酉四龍固作祖人財旺水長百里佐君主水短便遭殃子午卯酉作祖取父母旺氣也此取四正卦為例而四維乾坤艮巽之父母亦旺氣也楊公反覆言之總以父母為主蓋父母卦在龍身雖偏同在一卦之內在三般卦可兼人地兩元故實照稱為最豪雄者也子息稍偏即出卦故實照稱為半吉半凶也水長水

續即上篇正神衰在水向之義

辯得陰陽兩路行五星要分明泥鰍浪裡躍龍门渤海便翻身

兩路即上文四十八局之兩路也苟能將八卦五行配出四十八局挨星神而明之如泥鰍之類亦能變化不測矣

依得四神為第一官職無休歇穴外八卦要知情穴内卦衰清

四神即上篇本向本水四神也是重龍水相兼之妙穴外八卦龍與水也穴内八卦山與向也龍水山向同在一卦之内謂之知情衰清也如乾坤艮巽龍與水必子午卯酉之山與向又如下元艮龍坤水卯山水酉向是也

要求富貴三般卦出卦家貧乏寅申巳亥水來長五行向中藏辰
戌丑未卯金龍動得永無窮若是借庫富還貧自庫來長春大都
星起何方是五行長生旺火旗相對起高崗職位在學堂捍门官
國華表起山水亦同例水秀峯奇出大官四位一般看
大都火旗捍门華表皆以山之形勢言要得五行生旺之氣斯為
貴耳水秀峯奇言實頭之秀麗可觀
坎離天水中天過龍墀移帝座寶蓋鳳閣四維朝寶殿登龍樓罡
刼吊煞休犯着四墓多消爍金枝玉葉四孟衰金箱玉印藏
坎離水火中天過坎離龍離水或離龍坎水是謂龍墀帝座即戴

九履一也乾坤艮巽謂之寶蓋鳳閣寶殿龍樓也巳亥寅申謂之
金龍(枝)玉葉金廂玉印也辰戌丑未謂之天罡天劫天帝天煞也名
雖有定氣实丙途總以生旺為貴衰敗多灾不必拘定寶蓋等為
吉天罡等為凶也
帝釋一星安縣府紫微同八武倒排父母養龍神富貴萬餘春上
文引龍墀帝座此又引帝釋八武皆方位之名然其妙用總在于
倒排非以丙為帝釋壬為八武亥為紫微也
識得父母三般卦更是真神路北斗七星去打劫離宮要相合
三般卦屢見前(篇)北斗七星離宮相合乃坎離交媾水火既濟真神

神路共一途也父母之坎離相合則挨星之精髓得矣其法以天卦坎宮之壬劫奪巽宮之辰而合成地卦天卦坤中之申劫奪坎宮之癸而合成人卦天卦人宮之丙劫奪乾宮之戌合成地卦天卦艮宮之寅劫奪離宮之丁合成人卦此係劫中合成故北斗打劫離宮相合蓋坎離乃天地之大交姤真神路共一途故以坎離兩卦便得諸卦之起例也然則乾坤未判天衍未分只有水火二氣真陰真陽升降虛無之表隨氣而上下道家所謂梵氣也此氣摩蕩不已故太極生剛柔而畫為陰陽兩儀剛柔兩相摩盪而成八卦其清虛者上而為天重濁者下而為地天地一交而成坎離

離閒天門坎塞地戶坎離一交而成震兌邵子曰震兌始交者也坎離交之極也于是陽三陰四陽進陰退而後先天之卦氣始定萬古不易此最上一神〔乘〕之作用也可知地理之學有大理存焉非明易理烏能知之

北斗七星二句指挨星言如北斗中貪狼一星也而分兩路挨去謂之打刧而兩路七星挨去無不相合故曰離宮相合此一說也存參

坎先天坤離先天乾坎宮之子配離宮之午合成南北一卦坎宮之壬配離宮之丙合成江東一卦坎宮之癸配離宮之丁合成江

49.

西一卦八卦對待皆然以此解打劫相合尤為明捷　暉山記

識得陰陽兩路行富貴達京城不識陰陽兩路行萬丈火坑深

陰陽兩路即双双起四十八局顛倒顛之義能識此兩路則挨星得生旺而富貴達京城矣即青囊序顛倒顛二十四山有珠寶是也若不知双双起四十八局之法則挨星逢衰敗乃萬丈火坑深即青囊序所謂順逆行萬丈火坑深也

前兼龍神前兼向聯珠莫相放後兼龍神後兼向排定陰陽算此

得零神與正神指日入青雲不識零神與正神代代絕除根

前兼者父母兼子也息後兼者子息兼父母也龍水有前兼後兼

向首亦有前兼後兼前兼龍神立前兼向後兼龍神立後兼向是
排定陰陽而為聯珠之吉矣如午兼丁乾兼亥為父母兼子息丁兼
午亥兼乾為子息兼父母零神正神見上篇
倒排父母是真龍子息達天聰順排父母到子息代代人財退
倒排父母即上江南來江北望元空起倒法也黃帝遁甲经络曰三
元者起于九宮也易曰天玄而地黃太玄经曰玄天也故曰玄経
幕講師曰三元運龍理宜通上元一白二三同中元四綠六乾位
下元七兑艮離宮玉鏡経曰三元管九星上元一白中元四綠下
元七赤上元六十年甲子二十年一白管運甲申二十年二黑管

用甲辰二十年三碧管運而一白為統運六十年俱管中下元做此天元運之說始于遁甲觀三元九宮圖詳具明矣法以奇门陰遁九三六局配上中下三元取六甲符使之空方是以上元甲子戊起離逆排乙庚辛壬癸則空坎坤震三方中元甲子戊起震則空巽中乾三方下元甲子戊起乾則空兑艮離三方為氣脉之旺也若以陽遁一四七之局配上中下三元起六甲空方為水亦屬可通但水陽也地陰也陰静而凝生氣故葬經開卷即曰葬乘生氣劉青田神哉元空人知得旺而旺时有不旺之旺人知得生而生时有不生之生故上元之龍預旺下元下元之龍預旺中元又

得中元餘氣而中元之龍得上元餘氣斯理最為要緊若不參透徒自盲擬然有同在一元之中雖皆乘旺氣而未來過去發福先後之不同由地力之厚薄形勢之懸殊所致耳歸厚錄云作者求失元之大地不如及時之小地人壽幾何待其去衰入旺身家早同散矣按倒排之法上古以龍脉之旺配運是以上六甲子以坎坤震為旺氣而倒排則用兑艮離為旺水離水以坎氣為旺艮水以坤氣為旺皆金龍動正神龍零神水是為三元生而子息達天聰矣故曰凡水路來自坎方即為離龍水路來自離方即為坎龍坎龍八卦皆然若上元甲子悟用坎坤震三宮之水則順排而非

倒反侵三元煞氣必主人財退敗因得其氣運則生失其運氣則死耳蔣先生曰父母子息皆用倒排而不用順排以旺氣在坎癸倒排則用午丁而得真旺氣順排則直用坎癸而反得煞氣元空大卦千言萬語盡于此一言矣以太極分兩儀作用兩元邵子曰太極既分兩儀遂判朱子曰陽生于子自甲子以至癸巳陰生于午自甲午以至癸亥是以三甲終而復始干為陽為天支為陰為地音為人三才之五音備矣易曰闔戶謂之坤闢戶謂之乾指先天而言也故上元甲子至中元癸巳屬上元所管取坎坤震巽為旺氣中元甲午至下元癸亥屬下元所管取兌艮離乾為旺氣以

前半截九十年為陽後半截九十年為陰名為三元实則兩元也

今具三元九宮及太極判兩儀圖錄于左

以上三元洛書運也外有河圖運康節云河圖小運分五子（五行運即五子氣）水火木金土乃先天自然之理凡五元甲子至乙亥水運旺丙子至丁亥火運旺戊子至己亥木運旺庚子至辛亥金運旺壬子至癸亥土運旺十二年順行河圖之數一水二火三木四金五土

輝山記

三元圖發明　上元起離九中元起震三下元起乾六

上元甲子起離九戊逆行艮八己兌七庚乾六辛中五壬巽四癸空震三坤二坎一三方為旺氣　凡空方為遁甲乙丙丁三奇故三六重之

起例甲子戊甲戌己甲申庚甲午辛甲辰壬甲寅癸至九八七六五四逆行空三方為旺氣為三元

中元甲子起震三戊逆行坤二己坎一庚離九辛艮八壬兌七癸空乾五巽三方為旺氣

下元甲子起乾六戊逆行中五己巽四庚震三辛坤二壬坎一癸空離艮兌三方為旺氣　曾輝山記

一坎統運
二坤旺運
三震旺運
四巽生氣
五中煞氣
六乾敗氣
七兑敗氣
八艮煞氣
九離死氣

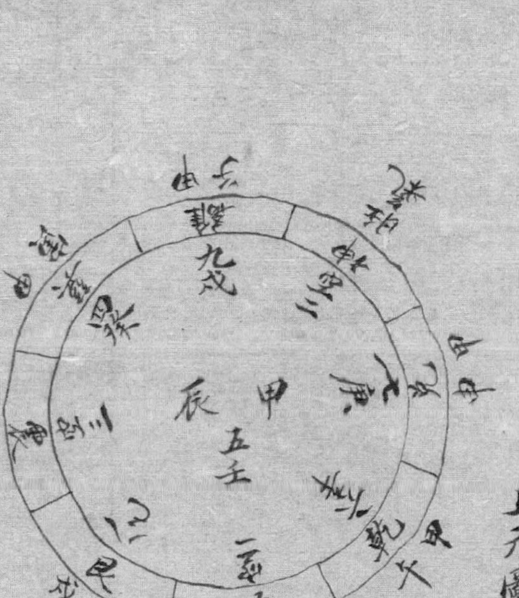

上元圖

上六甲子起離九戊逆行艮八己兑七庚乾六辛中五壬巽四癸空震三坤二坎一三方凡空方為遁甲乙丙丁三七故三六重乙

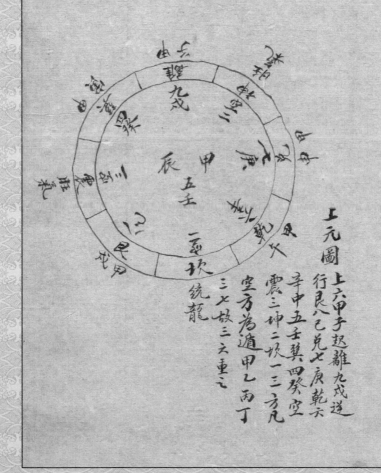

一坎敗炁
二坤死炁
三震旺炁
四巽統運
五中旺氣　上十年寄坤　下十年寄艮
六乾旺氣
七兑煞氣
八艮死氣
九離生氣

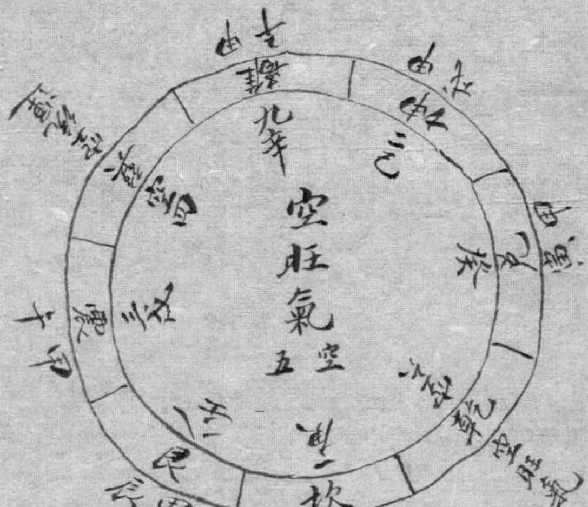

中元圖
中元甲子起震三戊
逆行坤二己坎一庚
離九辛艮八壬兑七
癸空六五四三方為
旺氣

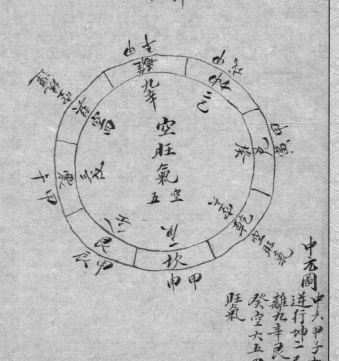

一坎生氣
二坤敗氣
三震死氣
四巽死氣
五中敗氣
六乾旺氣
七兌統運
八艮旺氣
九離旺氣

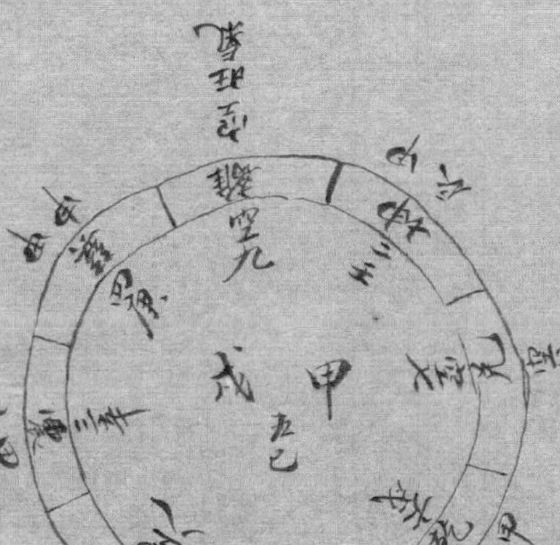

下元圖

下元甲子起乾六戊中五乙巽四庚震三辛坤二壬坎一癸空九八七三方爲旺氣

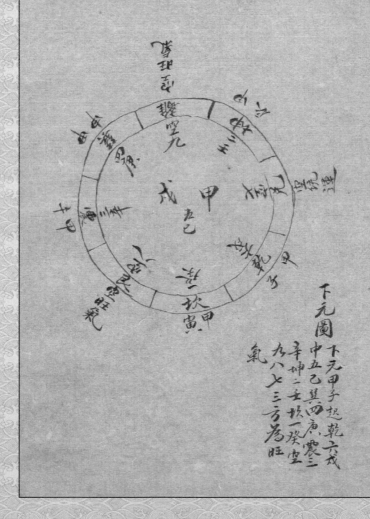

坎離分運圖

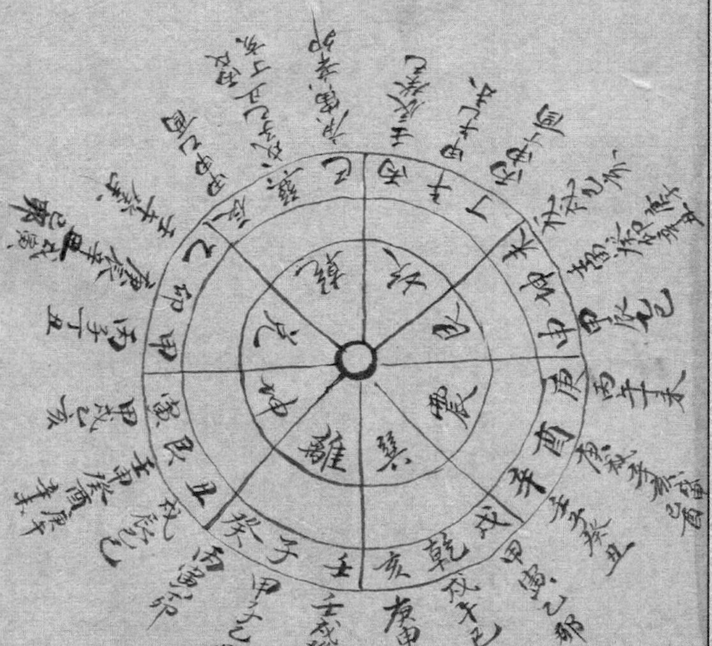

一龍宮中水便行子息受艱辛四三二一龍逆去四子均榮貴龍行位遠主離鄉四位發經商

此節又重言出卦不出卦也一龍宮中水便行者初步一龍之後即行別卦以人元亥宮一折轉入地元戌位或轉入庚皆卦氣錯雜子息必受苦（心）矣四三二一者三折四折皆在本卦以天卦元巽水節節皆在本卦或自巽而卯而艮而子皆父母一氣之卦乃公位均榮也以巽水轉庚或轉寅龍行位遠必主離鄉若寅又轉坤返歸本卦又主經商得財而歸他倣此

時師不識挨星圖學只作天心摸東邊則右引西歸壯到南方推

老龍終卧山中何嘗不易逢只是自家眼不的乱把山岡覓
挨星即東西南北三北東引西歸北到南推即倒排父母
世人不識天機秘識破有何益汝今傳得地中仙元空妙難言翻
天倒地更玄玄大卦不易傳更有收山出煞訣亦兼為汝說　相逢
（寶照經即無訣故下以寶照見元文）
大地能幾人個個是知音若還求他不種德穩口深藏舌
元空大卦翻天倒地精微俱悉于此矣楊公恐後人以吉地界匪
人故篇末以穩口藏舌戒之夫積德為求他之本必有德可以受
福然後天以吉地畀之否則德之不修而徒責效于祖宗遺體朝
移夕改愈更愈謬其為忤逆不孝之罪可勝誅哉人可不警乎

天玉一經乃楊公發玉函妙奧以授曾文辿者也術家不識此經之旨模糊強解作種種不精之談且以有訣無書之言欺世于是好奇之流揑造元空以籠人財帛真假難名是非莫辨挨星之法從此晦矣盛衰之理由此而晦豈不悞天下蒼生哉 僕習是傳以來凡遇前人名墓無不參考然後悞出元宮卦意三篇內傳乃河洛陰陽九宮八卦之所從出也今若不條分縷晰逐一著明必致湮沒不彰故不辭勞瘁註此正經上篇言三卦元空陰陽配合察血脈以認金龍零神水正神向中篇言四十八局挨星起倒下篇言倒排父母三元運氣衰旺地學之能事備矣然 僕之註此經非

為沽名譽誠念諸書偽乱不堪應用爾觀者幸察焉

乾隆乙巳年端陽長洲項森木林氏識

地理宗派二十字

木大平春曉傳經一卷書三元宗正道輔弼作良謨

蔣大鴻 號平階

項木林 號木林

陳鈞 號斗階

林教育

占筮類			
1	擲地金聲搜精秘訣	心一堂編	沈氏研易樓藏稀見易占秘鈔本
2	卜易拆字秘傳百日通	心一堂編	
3	易占陽宅六十四卦秘斷	心一堂編	火珠林占陽宅風水秘鈔本
星命類			
4	斗數宣微	【民國】王裁珊	民初最重要斗數著述之一；未删改本
5	斗數觀測錄	【民國】王裁珊	失傳民初斗數重要著作
6	《地星會源》《斗數綱要》合刊	心一堂編	失傳的第三種飛星斗數
7	《斗數秘鈔》《紫微斗數之捷徑》合刊	心一堂編	珍稀「紫微斗數」舊鈔
8	斗數演例	心一堂編	秘本
9	紫微斗數全書（清初刻原本）	題【宋】陳希夷	斗數全書本來面目；有別於錯誤極多的坊本
10－12	鐵板神數（清刻足本）——附秘鈔密碼表	題【宋】邵雍	無錯漏原版 秘鈔密碼表 首次公開！
13－15	蠢子數纏度	題【宋】邵雍	蠢子數連密碼表 打破數百年秘傳 首次公開！
16－19	皇極數	題【宋】邵雍	清鈔孤本附起例及完整密碼表
20－21	邵夫子先天神數	題【宋】邵雍	研究神數必讀！ 附手鈔密碼表 研究神數必讀！
22	八刻分經定數（密碼表）	題【宋】邵雍	皇極數另一版本；附手鈔密碼表
23	新命理探原	【民國】袁樹珊	子平命理必讀教科書！
24－25	袁氏命譜	【民國】袁樹珊	
26	韋氏命學講義	【民國】韋千里	民初二大命理家南袁
27	千里命稿	【民國】韋千里	北韋
28	精選命理約言	【民國】韋千里	北韋之命理經典
29	滴天髓闡微——附李雨田命理初學捷徑	【民國】袁樹珊、李雨田	命理經典未删改足本
30	段氏白話命學綱要	【民國】段方	民初命理經典最淺白易懂
31	命理用神精華	【民國】王心田	學命理者之寶鏡

32	命學探驪集	【民國】張巢雲	發前人所未發　稀見民初子平命理著作
33	澹園命談	【民國】高澹園	
34	算命一讀通——鴻福齊天	【民國】不空居士、覺先居士合纂	
35	子平玄理	【民國】施惕君	
36	星命風水秘傳百日通	心一堂編	
37	命理大四字金前定	題【晉】鬼谷子王詡	源自元代算命術
38	命理斷語義理源深	心一堂編	稀見清代批命斷語及活套
39-40	文武星案	【明】陸位	失傳四百年《張果星宗》姊妹篇　千多星盤命例　研究命學必備
相術類			
41	新相人學講義	【民國】楊叔和	失傳民初白話文相術書
42	手相學淺說	【民國】黃龍	民初中西結合手相學經典
43	大清相法	心一堂編	重現失傳經典相書
44	相法易知	心一堂編	
45	相法秘傳百日通	心一堂編	
堪輿類			
46	靈城精義箋	【清】沈竹礽	沈氏玄空遺珍　玄空風水必讀
47	地理辨正抉要	【清】沈竹礽	
48	《玄空古義四種通釋》《地理疑義答問》合刊	沈瓞民	
49	《沈氏玄空吹虀室雜存》《玄空捷訣》合刊	【民國】申聽禪	
50	漢鏡齋堪輿小識	【民國】查國珍、沈瓞民	失傳已久的無常派玄空經典
51	堪輿一覽	【清】孫竹田	
52	章仲山挨星秘訣（修定版）	【清】章仲山	章仲山無常派玄空珍秘　門內秘本首次公開　沈竹礽等大師尋覓一生末得之珍本！
53	臨穴指南	【清】章仲山	
54	章仲山宅案附無常派玄空秘要	心一堂編	
55	地理辨正補	【清】朱小鶴	玄空六派蘇州派代表作
56	陽宅覺元氏新書	【清】元祝垚	簡易·有效·神驗之玄空陽宅法
57	地學鐵骨秘　附　吳師青藏命理大易數	【民國】吳師青	釋玄空廣東派地學之秘
58-61	四秘全書十二種（清刻原本）	【清】尹一勺	玄空湘楚派經典本來面目　有別於錯誤極多的坊本

91	地學形勢摘要	心一堂編	形家秘鈔珍本
92	《平洋地理入門》《巒頭圖解》合刊	【清】盧崇台	平洋水法、形家秘本
93	《鑒水極玄經》《秘授水法》合刊	【唐】司馬頭陀、【清】鮑湘襟	千古之秘，不可妄傳匪人
94	平洋地理闡秘	心一堂編	雲間三元平洋形法秘鈔珍本
95	地經圖說	【清】余九皋	形勢理氣、精繪圖文
96	司馬頭陀地鉗	【唐】司馬頭陀	流傳極稀《地鉗》
97	欽天監地理醒世切要辨論	【清】欽天監	公開清代皇室御用風水真本
三式類			
98－99	大六壬尋源二種	【清】張純照	六壬入門、占課指南
100	六壬教科六壬鑰	【民國】蔣問天	由淺入深，首尾悉備
101	壬課總訣	心一堂編	過去術家不外傳的珍稀六壬術秘鈔本
102	六壬秘斷	心一堂編	
103	大六壬類闡	心一堂編	
104	六壬秘笈——韋千里占卜講義	【民國】韋千里	六壬入門必備
105	壬學述古	【民國】曹仁麟	依法占之，「無不神驗」
106	奇門揭要	心一堂編	集「法奇門」、「術奇門」精要
107	奇門行軍要略	【清】劉文瀾	條理清晰、簡明易用
108	奇門大宗直旨	劉毗	天下孤本　首次公開 虛白盧藏本《秘藏遁甲天機》 奇門不傳之秘　應驗如神
109	奇門三奇干支神應	馮繼明	
110	奇門仙機	題【漢】張子房	
111	奇門心法秘纂	題【漢】韓信（淮陰侯）	
112	奇門廬中闡秘	題【三國】諸葛武侯註	
選擇類			
113－114	儀度六壬選日要訣	【清】張九儀	清初三合風水名家張九儀擇日秘傳
115	天元選擇辨正	【清】一園主人	釋蔣大鴻天元選擇法
其他類			
116	述卜筮星相學	【民國】袁樹珊	民初二大命理家南袁北韋 南袁之術數經典
117－120	中國歷代卜人傳	【民國】袁樹珊	